MARCELA ARGOLLO

A ARTE DO EQUILÍBRIO

ALINHAR-SE É O MELHOR CAMINHO
PARA A LIDERANÇA REGENERATIVA

Marcela Argollo

A ARTE DO EQUILÍBRIO

Alinhar-se é o melhor caminho para a Liderança Regenerativa

São Paulo
2023

Copyright© 2023, **Marcela Argollo**

Todos os direitos reservados. Nenhuma parte deste livro pode ser utilizada ou reproduzida, sob quaisquer meios existentes, sem autorização por escrito da Editora ou do detentor do copyright.

Direção editorial
Leoberto Balbino

Revisão
Pauliane Coelho

Design de capa
Max Editorial

Imagens de capa e miolo
Marcela Argollo e *Canvas*

Editoração eletrônica
Max Editorial

Dados Internacionais de Catalogação na Publicação (CIP) de acordo com ISBD

A693a	Argollo, Marcela
	A arte do equilíbrio: alinhar-se é o melhor caminho para a liderança regenerativa / Marcela Argollo. - São Paulo : L D'Livros Editora, 2023.
	224 p. : 14cm x 21cm.
	Inclui bibliografia, índice e anexo.
	ISBN: 978-65-89053-15-6
	1. Equilíbrio pessoal. 2. Liderança. 3. Regeneração sustentável. I. Título.
2023-2447	CDD 658.4092
	CDU 65.012.41

Elaborado por Odilio Hilario Moreira Junior - CRB-8/9949

Índices para catálogo sistemático:
1. Liderança 658.4092
2. Liderança 65.012.41

O conteúdo deste livro é de inteira responsabilidade do autor e/ou do detentor do copyright©; nem sempre manifesta a opinião da Editora.

Direitos específicos de edição reservados à
L D'Livros Editora

D'LIVROS EDITORA

Tel.: (11) 3641-3225
dlivros@dlivros.com.br
www.dlivros.com.br

Agradecimentos

A Deus, por confiar no meu potencial e por sempre me amparar nos meus momentos mais desafiadores.

Aos meus mentores espirituais, por me darem guiança, sabedoria, paciência, perseverança, intuição e inteligência para que eu possa sempre conduzir minhas ações.

A mim, pela minha eterna teimosia e curiosidade de sempre buscar mais e mais.

À minha mãe, Mariza, por ter me gerado a vida. Ao meu pai, João, por ser o alicerce na minha construção de vida.

À minha primogênita, Duda, por me mostrar diariamente a essência, a força, a flexibilidade e a doçura do feminino e que a vida tem a cor que pintamos.

A João Netto, meu Everest, meu maior desafio, minha base de evolução diária. O Pink Diamond que Deus me deu a honra de ser a lapidária. O meu espelho que demonstra sombra e luz.

À Adriana Medeiros Gonçalves, por ser a primeira a conhecer, acreditar e apoiar o ALINHAR-SE.

À Luciene Balbino, por conseguir traduzir com maestria as minhas ideias e apoiar os meus sonhos.

A todos que passaram na minha vida e me deram desafios, os quais me mostraram que eu sou forte e capaz de superar tudo.

A todos que estão na minha vida, por serem meu suporte nos momentos de cansaço, guias e mentores nos momentos de dúvidas e parceiros nos momentos de celebração.

A todos que ainda não conheço e que vão conhecer um pouco sobre mim através deste livro. Obrigada por se permitir. Obrigada por me deixar entrar no seu coração.

AMO todos vocês!

Namastê

Dedicatória

Dedico este livro aos meus filhos, ao mundo e às pessoas que irão transformar suas vidas com a leitura.

Namastê!

A minha alma reconhece a tua. Eu honro o amor, a luz, a beleza, a verdade e a compaixão dentro de ti, pois também habitam dentro de mim.
AO PARTILHARMOS TUDO ISSO, não há distância nem diferença entre nós,

SOMOS O MESMO, SOMOS UM.

Aquele que é feliz espalha felicidade. Aquele que teima na infelicidade, que perde o equilíbrio e a confiança, perde-se na vida.

Anne Frank

Prefácio

Receber o convite da Marcela Argollo para escrever o prefácio do seu primeiro livro é um verdadeiro presente, aliás, ela é um presente para o mundo, e você certamente vai conhecer um pouquinho dela com este escrito.

Seu livro nos convida para um mergulho num emaranho de desafios e possibilidades.

Afinal, equilíbrio é uma preciosa arte para que aqueles que vivem na "Matrix".

O alinhamento nos traz um caminho para a transformação e a evolução humana, especialmente aos líderes que se permitem regeneração.

A Marcela vai te apresentar um caminho que começa pelo amor, especialmente pelo amor-próprio, aquele que te permite estabelecer a primeira conexão, aquela consigo mesmo. Um caminho que passa pela resiliência e pelo autoconhecimento para dar sustentação à nossa autenticidade e, com ele, à construção do nosso propósito para a criação de um legado para o mundo.

Sobretudo, um caminho para ser cultivado com amor, gratidão, perdão, e uma melhor compreensão de nossas experiências humanas e espirituais.

Sinto que você terá muito mais do que uma simples leitura, terá uma experiência na qual poderá permitir-se uma desconstrução para o fortalecimento de uma jornada ainda mais próspera, por intermédio da integridade, da ética e do estímulo, a um dos recursos que nós humanos ainda pouco utilizamos – a intuição.

Parte desse caminho vai favorecer nossa integração com o todo, especialmente de nossas redes de relacionamentos e aprendizados.

Um convite para criarmos hábitos de vida, e para uma vida mais saudável, viver em harmonia e cultivar aquilo que amamos fazer além do trabalho.

Você será convidado ao protagonismo daquilo que pretende realizar no mundo, um estímulo para você ser audaz com atitudes e ações para transformar com alegria os ambientes.

Resultados e metas passam a ser mais do que números, passam a ter significado, possibilitando movimentos que consideram respeito, amor-próprio e pertencimento. Pessoas deixam de ser números e assumem valor para uma jornada próspera.

Nesse conceito, prosperidade e abundância passam a ser o grande norteador, que é uma mudança real de paradigmas, trata-se da transição de um modelo que era baseado nas respostas, no medo, na escassez, para um modelo baseado nas perguntas, na coragem e na abundância.

Estou convicto de que, com este escrito, a Marcela Argollo nos permitirá uma experiência de leitura ao mesmo tempo leve e profunda para compreendermos nossas inter-relações, propiciando um alinhamento para nossas transformações e evoluções nos mais diversos aspectos de nossas vidas. Assim como para entendermos que somos parte de um todo e que esse todo, único, nos convida a oferecermos o nosso melhor para o universo, nos conecta com o divino e com a nossa parcela de amor e responsabilidade em tudo aquilo que nos proporemos a fazer.

Conquistar um mundo melhor a partir do melhor que podemos oferecer ao universo.

Mergulhe nessa experiência.

Beijo no coração e abraços.

Adilson Souza
Fundador & CEO da Estação Liderança
Autor do livro *Liderança espiritualizada: a humanização das organizações*

Sumário

Introdução, 15

Capítulo 1 – Regeneração, 19

Capítulo 2 – Amor, 21

Capítulo 3 – Resiliência, 27

Capítulo 4 – Autoconhecimento, 33

Capítulo 5 – Autenticidade, 39

Capítulo 6 – Legado e Propósito, 43

Capítulo 7 – Gratidão, 53

Capítulo 8 – Perdão, 57

Capítulo 9 – Karma ou Carma, 61

Capítulo 10 – Culpa, 63

Capítulo 11 – Integridade e Ética, 69

Capítulo 12 – Intuição, 77

Capítulo 13 – Integração, 83

Capítulo 14 – Netweaving e Networking, 85

Capítulo 15 – Hábitos, 91

Capítulo 16 – Harmonia, 95

Capítulo 17 – Hobbies, 99

Capítulo 18 – Audácia, 103

Capítulo 19 – Ação e Coragem, 107

Capítulo 20 – Ambiente, 115

Capítulo 21 – Alegria, Ânimo e Felicidade, 119

Capítulo 22 – Resultados e Metas, 143

Capítulo 23 – Respeito, 149

Capítulo 24 – Prosperidade e Abundância, 153

Capítulo 25 – Saúde, 161

Capítulo 26 – Sonhos, 179

Capítulo 27 – Sistêmico, 183

Capítulo 28 – Sustentável, 189

Capítulo 29 – Servir, 195

Capítulo 30 – Espiritualidade, 199

Capítulo 31 – Estratégia, 205

Capítulo 32 – Educação, 209

Referências, 213

Anexo: Roda da vida, 221

Introdução

Desde criança escutamos de nossos pais que é preciso ter equilíbrio em tudo na vida. Escutamos que o 8 ou o 80 não são boas táticas para enfrentarmos os dissabores da vida. E, quando não aprendemos logo, enquanto criança, a viver em equilíbrio, fica mais complicado reaprender e assimilar esse ensinamento quando adulto. Mas a vida exige a harmonia de nossas emoções nas amizades, nas relações amorosas, na rotina profissional e, hoje, mais do que nunca, precisamos regenerarmo-nos, não apenas com o foco na sustentabilidade, mas em tudo.

Este livro nasceu da necessidade de passar à frente o que aprendi como atleta, mãe, executiva financeira de uma multinacional e como professora. Percebi que a sigla ESG (*Environmental, Social and Corporate Governance*; Meio Ambiente, Social e Governança Coorporativa), atualmente tão comentada por empresários, chegou para trazer à consciência esse equilíbrio. A ESG funciona e é fundamental para as empresas que buscam boas práticas com a finalidade de alcançar uma consciência profunda e transformadora para um bom gerenciamento. Uma empresa que não pratica a ESG não conseguirá gerar valor de mercado. Sinceramente, essa prática já devia ter sido adotada há muitos anos. Cuidar do planeta em harmonia com o cuidar de nós mesmos deveria ser intrínseco ao ser humano.

Ao longo de meus estudos, afirmo que "não é possível incorporar o ESG à empresa sem um devido alinhamento de nós mesmos". Pensando nisso, criei o **Método Alinhar-se**, cuja proposta é trazer-lhe equilíbrio para se alcançar a prosperidade em todos os campos de sua vida. Quando falo em prosperidade, não me refiro somente ao quesito dinheiro, mas também à abundância na saúde, no amor, no trabalho. Então, não há outra saída a não ser alinhar-se na conquista do equilíbrio para crescer.

Alinhar-se é um processo; é preciso permitir-se. Em nosso caminho pessoal e profissional, temos altos e baixos o tempo todo, e saber lidar com as frustrações não é uma tarefa fácil. Quem nunca mostrou seu lado louco ao ser demitido, ao ser destratado e/ou incompreendido. Quem nunca mostrou um lado de que não gosta em uma atitude de desespero? Somos humanos e mais frágeis do que imaginamos. O descontrole vem mais forte quando não estamos conectados com o nosso propósito, com o nosso equilíbrio. Muitas vezes, é o desequilíbrio que nos faz perder oportunidades e não ver que podemos conquistar o que almejamos.

Um exemplo clássico é no amor, quando amamos demais e perdemos as estribeiras. Todo mundo que já passou por isso sabe o que estou dizendo. Amar sem equilíbrio deixa-nos sem chão, sem segurança, sem controle e sem vergonha de nada. Assim, muitos se perdem e se prejudicam nas relações profissionais ou mesmo com familiares e amigos. Aí vemo-nos nos descabelando, aos berros e não conseguindo fazer mais nada, a não ser pensar na "vítima" que escolhemos para amar. Não preciso nem dizer que comportamentos assim, desequilibrados, afetam a nossa vida profissional e as relações pessoais, além da energia negativa que emana no planeta. Estamos conectados e tudo está interligado, existe de fato uma sinergia da qual todos nós fazemos parte.

Sempre ouvimos durante a vida que procuramos Deus pela dor ou pelo amor. Sim, no desespero, quando sentimos angústia, clamamos para Deus nos ajudar, nos salvar. Prometemos tudo a Ele, mas depois, quando está tudo bem, não cumprimos. Clamamos: "Deus, traga-me fulano de volta que faço tudo o que o Senhor me pedir!". O desequilíbrio é tamanho que a pessoa nem percebe que Deus lhe deu um livramento. Deus não deve achar graça nisso, em não confiar nEle, de só procurá-lo quando interessa. Ele deve pensar: "Não está conseguindo olhar para dentro e ouvir a minha voz, não está conseguindo receber o aprendizado que quero passar". Essa cena repete-se ao longo da vida até que, um dia, alguns aprendem que temos que honrar as nossas promessas e sermos responsáveis por aquilo que fazemos, que plantamos.

Então, queridos leitores, nunca é tarde para se aprender a arte do equilíbrio. Alinhar-se é o melhor caminho para a mudança cultural necessária que devemos usar e compartilhar.

Neste livro, você compreenderá como isso é possível e como o método que criei vai te ajudar a abrir o seu caminho em equilíbrio, não só para a sustentabilidade, mas para transformações pessoais e diretrizes de vida.

O Método Alinhar-se vem propor uma consciência definitiva e funcional em sua caminhada com a natureza e com suas atitudes perante a vida. Regenerar-se propõe uma mudança de perspectiva, unir-se à natureza que faz parte de nós.

Fazemos parte da natureza, ela é a casa que nos habita e, portanto, precisamos cuidar bem dela. De modo a fazer com que nossas negociações sejam: GANHO eu – GANHA a sociedade – GANHA o meio ambiente.

Estamos colhendo maus frutos por nos acharmos deuses. Não estarmos usando a dádiva da humildade e da colaboração. A grande pergunta a ser feita para nós mesmos é: O planeta Terra é o nosso único interesse. Fazemos parte de um todo. O que você está fazendo para mudar isso?

O convite é para expandirmos a consciência e aprofundarmos mais nosso conhecimento e a visão sistêmica para conseguir perpetuar nossa espécie através da continuidade das gerações que estão por vir.

Convido você a entregar-se à leitura deste livro, com amor, com humanidade e respeito. Agradeço por estar aqui comigo. Caminhemos juntos. A arte do equilíbrio, com certeza, ajudará a alinhar-se para o caminho da cultura regenerativa.

A construção desta obra pode parecer diferente, mas saiba que os pilares escolhidos para o seu desenvolvimento são fundamentais para uma vida interessante, rica de sentimentos e realizações de objetivos no âmbito profissional e pessoal.

O **Método Alinhar-se** que criei contempla todos os pontos importantes interligados para o crescimento mental, profissional, espiritual e físico do ser humano. Conquistar o equilíbrio é uma jornada difícil em todos os aspectos, mas é muito bom quando existe a possibilidade de fazê-lo. Somos complexos e, por isso, escrevi este livro para que reflita sobre tudo, desde a importância do ânimo, do amor, da saúde, do carma, da coragem, da ética, da persistência em sua vida.

De que adianta ter sucesso e dinheiro se não tem saúde? De que adianta ideias se não tem coragem de executá-las? De que adianta ter oportunidades e não aproveitá-las? E de que adianta amar e não dizer a quem se ama? Ler é fundamental para abrir a cabeça e pensar diferente, sair da mesmice. Receba esta obra com a minha gratidão por ela estar em suas mãos. Obrigada!

Capítulo 1 – Regeneração

A palavra "regeneração" significa "renascimento", que no grego é *palingenesia* e, no latim, do qual teve sua origem, *regenerare*.

A Bíblia define regeneração da melhor forma, pois enfoca a ideia em um conceito bíblico, pelo aspecto subjetivo da redenção, como uma renovação. Refere-se à renovação concebida pelo poder de Deus, acima de tudo.

Primeiro há o nascimento, quando somos concebidos fisicamente, depois há o nascimento espiritual: "O homem em seu estado natural está 'morto em seus delitos e pecados' até ser 'vivificado' (regenerado) por Cristo. Isso acontece quando ele coloca a sua fé em Cristo (Efésios 2:1)". Nascer não basta, é preciso renascer espiritualmente. Podemos observar isso em Mateus 19:28, em que ocorre a iminente renovação dos cosmos, no final dos tempos. Jesus lhes disse: "Digo a vocês a verdade: Por ocasião da regeneração de todas as coisas, quando o Filho do homem se assentar em seu trono glorioso, vocês que me seguiram também se assentarão em doze tronos, para julgar as doze tribos de Israel".

Em Tito 3:5: "Não por causa de atos de justiça por nós praticados, mas devido à sua misericórdia, Ele nos salvou pelo lavar regenerador e renovador do Espírito Santo...".

Estamos passando por uma nova fase renascentista. Vamos renascer para iluminar de vez o planeta. A pandemia acelerou esse processo porque confirmou que estamos vivendo em um sistema quebrado e, na maioria das vezes, desigual. O renascimento será um grande desafio do século XXI. Estamos refletindo o nosso papel no mundo, como também o impacto de nossas ações no planeta e a melhor forma de ajudar-nos uns aos outros.

Que venha o renascimento após a Idade Média II!

Capítulo 2 - Amor

A origem da palavra "amor" vem do termo em latim *amare*, que era usado para diferenciar os cuidados e as carícias de mãe dos cuidados do **amor** verdadeiro. A origem também está ligada à palavra indo-europeia *amma*, que se refere ao amor materno, o primeiro **amor** incondicional do ser humano.

> Amor não é um sentimento, e sim uma ação diferente do que se pensa. É a única disciplina da vida a qual o ser humano veio ao mundo para aprender. É através do amor que nos desenvolvemos como seres completos e retribuímos ao mundo com excelência, detalhe e carinho.
> *Marcela Argollo*

> Ame o seu próximo como a si mesmo.
> *Jesus Cristo*

> O amor é um sono que chega para o pouco ser que se é.
> *Fernando Pessoa*

> A vida é uma escola e o amor é a única disciplina que precisamos aprender.
> *Marcela Argollo*

> Cada qual sabe amar a seu modo; o modo, pouco importa; o essencial é que saiba amar.
> *Machado de Assis*

O amor, muitos esquecem, representa uma ação e não apenas uma palavra a ser dita por dizer. Não falo só do amor romântico, mas de todo o amor, em tudo e para todos. "Amar o seu próximo como a si mesmo" resume o que significa amor. Vamos relembrar como Jesus disse, em Mateus, capítulo 22, versículos 37-39, essa frase repetida aos quatro ventos, sem muitas vezes saber o seu profundo significado:

> 37 Respondeu Jesus: "Ame o Senhor, o seu Deus de todo o seu coração, de toda a sua alma e de todo o seu entendimento.
> 38 Este é o primeiro e maior mandamento.
> 39 E o segundo é semelhante a ele: Ame o seu próximo como a si mesmo."

Mesmo para aquela pessoa que não é religiosa, que não acredita em Deus, esta frase tem sentido. Uma pessoa intolerante e que não se preocupa com o próximo tem uma vida vazia e sem sentido. Somos seres relacionais por natureza, vivemos em comunidade. Ninguém é uma ilha, precisamos um do outro, do amor do outro para crescermos e evoluirmos. Vamos imaginar uma pessoa que não tem empatia e não consegue amar o próximo. Essa pessoa não evolui, não cresce como ser humano, vai passar a vida em seu egocentrismo fazendo mal a si mesma e aos outros.

O amor é o que nos salva, o que nos move e nos comove. Em todas as relações na vida, o olhar com amor transforma relações difíceis em compreensíveis. Por exemplo, se você trabalha em uma empresa e não tolera alguém, tem dificuldade de relacionamento com aquela pessoa ou outras, o exercício que deve fazer é o de colocar compaixão em seu olhar para procurar compreender melhor as pessoas e tentar perceber por que são assim, o que pode ajudá-lo a ter uma maior empatia e, com certeza, desenvolverá um convívio melhor e mais pleno. Vou ainda mais longe, poderá, quem sabe, até ajudar uma pessoa autoritária ou agressiva a encontrar um caminho de paz. Só o amor transforma, nunca esqueça isso.

Nosso problema é que, quando estamos alterados e vibrando na escassez, perdemos a razão e falamos coisas sem pensar, ferimos o outro com nossas questões e nem sempre têm a ver com o modo como o outro age ao seu redor. O rancor envenena o ambiente e transforma o trabalho, o lar e qualquer lugar em um local ruim para se estar presente. Não é fácil amar incondicionalmente e perdoar (do latim *perdonare* – *per* [mais] + *donare* [dar]), ou seja, dar-se mais ao outro, o que é o maior ato de amor. Aprender a amar, amando e perdoando, faz com se exercite o sentimento de amar. Aprofundaremos sobre o perdão mais adiante.

Algo fundamental para se ter uma boa relação com as pessoas é trabalhar em si o autoconhecimento, o controle da mente e a autoestima. Quando estamos seguros de quem somos, administramos nossos gatilhos mentais, conseguimos abraçar nossas sobras e gostamos mais de nós mesmos, passamos mais confiança e até competência. Uma pessoa segura de si, que se gosta e se aceita contamina o ambiente com sua autenticidade, sua transparência e sua credibilidade.

Não é fácil amar-se plenamente. É sabido que temos tantos sentimentos dentro de nós que, muitas vezes, nos confundem, nos desestimulam, o que nos faz oscilar em amor-próprio e desamor. Mas sobre amor-próprio vamos falar mais para a frente. O foco agora é elucidarmos a tal da autoestima que ouvimos falar desde criança. Quem nunca ouviu: "Se você não se amar em primeiro lugar, ninguém irá fazer isso por você".

A autoestima é causada por um somatório de ideias, opiniões e sentimentos sobre nós mesmos. Essa autoavaliação gera um sentimento desenvolvido desde a infância, que começa através da relação com os pais. Como exemplo temos uma criança que só escuta coisas negativas sobre si mesma: "Você é burra(o)"; "Você faz tudo errado"; "Se continuar assim, jamais será alguém na vida"; "Ninguém gosta de você"; "Você não devia ter nascido"; "Se não passar de ano, vai apanhar ou não vai ganhar aquele presente tão desejado" etc. As palavras podem deixar marcas irreversíveis na vida de um ser humano. Então, você que lê este livro e tem filhos, preste atenção em como lida com as conquistas e as derrotas de seu(a) filho(a). Elogiar toda vez que uma criança conquista algo é extremamente importante e não desanimá-la quando não consegue seu objetivo será fundamental para a sua autoestima. O papel dos pais é apoiar seus filhos, vibrando por cada vitória e estando ao seu lado, como porto seguro, em cada desafio.

O filme *Extraordinário* é um longa-metragem norte-americano de 2017, dirigido por Stephen Chbosky, que representa uma lição de vida do começo ao fim. Conta com Julia Roberts no papel da mãe, Isabel Pullman; Owen Wilson no papel do pai, Nate Pullman; e demais atores excelentes.

Auggie Pullman (Jacob Tremblay) é um garoto que nasceu com uma deformidade no rosto, e sua mãe educa-o em casa até os 10 anos de idade, quando ele começa a ir à escola. Mesmo com uma aparência que não agrada aos seus colegas de classe, Auggie não esconde a sua dor e a sua tristeza com o preconceito que sofre. Ele conversa com os pais e sua irmã Via Pullman (Izabela Vidovic) sobre o *bullying* que sofre na escola, mas, como sempre teve amor e foi valorizado por sua família, consegue superar os obstáculos e dar a volta por cima. Sim, mesmo com uma aparência diferente, o menino tem autoestima. Um dos pontos altos do filme é quando sua mãe diz que o que está no coração é o que realmente importa e mesmo ela tem marcas no rosto, as rugas do tempo. Todos temos cicatrizes e marcas, e isso é o que nos torna tão únicos e especiais. Ela diz: "O coração é o mapa que nos mostra aonde vamos, o rosto é o mapa que mostra onde estivemos". Outra cena marcante é quando o diretor da escola, senhor Tushman (Mandy Patinkin), conversa com os pais de um menino que faz *bullying* contra Auggie. A mãe do menino *bully* diz que o filho tem o direito de dizer o que pensa sobre a aparência do outro, ela acredita veementemente que denegrir e ofender o próximo é liberdade de expressão. Diante da frase infeliz daquela mãe e do péssimo exemplo para o filho, o diretor diz sobre a vítima: "Auggie não pode mudar a imagem dele, mas nós podemos mudar o nosso jeito de olhar para ele".

Esse filme mostra exatamente o que estou descrevendo aqui. Pais e mães que reforçam a autoestima da criança o ajudarão a enfrentar o mundo com mais autenticidade, sabedoria e confiança.

Quando nos tornamos adultos, quantas vezes somos punidos pelos erros que cometemos e, pior, somos excluídos por isso. O fato é que, se realmente temos uma base forte, sabemos quem somos e conhecemos a nossa total capacidade, a situação pode abalar-nos momentaneamente, mas logo nos recuperamos e voltamos ao trabalho com tudo. Com autoestima, somos mais *resilientes*, afinal, sabemos quem somos e aonde queremos chegar. Se ainda não chegamos é porque precisamos nos desenvolver mais emocionamente para sustentarmos o sucesso.

Não é de forma proposital que a autoestima manifesta-se, e um motivo importante é a consciência de que autoestima deve ser validada por nós, e não pelo olhar do mundo sobre quem somos. Todos temos experiências com o mundo e as pessoas. Não é sempre que recebemos elogios. Se dependermos dos comentários dos outros para termos autoestima alta, nunca a teremos ou só teremos se formos elogiados. Na verdade, gostar de si próprio genuinamente é aceitar críticas sem abalar sua autoestima, ao contrário, é crescer e melhorar apesar delas tanto no trabalho quanto na vida pessoal.

Como somos humanos, é claro que, muitas vezes, quando destratados, incompreendidos ou alvo de piadas, nos sentimos abalados, mas não se pode sucumbir por isso. Se percebermos que as críticas ao nosso *ego* são de cunho temporal e que a nossa real essência é inabalável e se há alguma crítica a ser feita, devemos recebê-la como algo para que precisamos olhar com mais cautela para um maior desenvolvimento. Uma pessoa que não trabalha a sua autoestima passa a acreditar facilmente nas críticas negativas do outro, limita sua real capacidade e regride na vida em vez de caminhar para frente.

Se você teve pais que raramente estimularam a sua autoestima, é importante para você uma expansão da sua consciência: como seus pais lidavam com você tem a ver com as dores e as limitações deles. Muitos tiveram pais destrutivos e ainda assim tornaram-se personalidades e exemplos, por exemplo: o cantor Michael Jackson, a atriz Charlize Theron, o ator Macaulyn Culkin, entre outras personalidades cujas histórias viraram filmes baseados em suas vidas. Buscar ajuda é o grande divisor de águas. A terapia, a fé, uma força maior que nos guia, a religião, Deus ou aquilo em que você acredita podem ajudá-lo a renascer como uma fênix e tornar-se uma pessoa que pode chegar aonde quiser. Nunca, jamais, desista de si mesmo. Por ninguém e por nada deve se deixar ser derrotado. Investir em autoconhecimento é libertador. Invista no maior amor do mundo, o seu por si mesmo.

Capítulo 3 – Resiliência

A origem etimológica da palavra "resiliência" vem do inglês *resilience*; do latim *resilio* – saltar para trás, voltar para trás, reduzir-se, afastar-se, ressaltar, brotar.

Em latim, ela é *resiliens*, particípio passado de *resilire* – "ricochetear, pular de volta", composta de *re-* – "para trás" –, mais *salire* – "pular". Em grego, era *kouphós* – em relação à luz que se reflete –, ou *hygrós* –, no sentido de "aquilo que se dobra".

> Se alguém lhe bloquear a porta, não gaste energia com o confronto. Procure as janelas.
> *Augusto Cury*

> Resiliência é não resistir à vulnerabilidade e à impermanência da vida.
> *Marcela Argollo*

> Existe uma necessidade de aprimoramento da resiliência para conseguirmos nos relacionar a longo prazo com três vertentes: Eu comigo, Eu com o outro e Eu com o todo (a natureza), e como conseguimos nos interconectar de maneira harmônica.
> *Marcela Argollo*

A arte do equilíbrio

Filosofia do Sucesso

Se você pensa que é um derrotado,
você será derrotado.
Se não pensar "quero a qualquer custo!"
Não conseguirá nada.
Mesmo que você queira vencer,
mas pensa que não vai conseguir,
a vitória não sorrirá para você.
Se você fizer as coisas pela metade,
você será fracassado.
Nós descobrimos neste mundo
que o sucesso começa pela intenção da gente
e tudo se determina pelo nosso espírito.
Se você pensa que é um malogrado,
você se torna como tal.
Se almeja atingir uma posição mais elevada,
deve, antes de obter a vitória,
dotar-se da convicção de que
conseguirá infalivelmente.
A luta pela vida nem sempre é vantajosa
aos fortes nem aos espertos.
Mais cedo ou mais tarde, quem cativa a vitória
é aquele que crê plenamente:
Eu conseguirei!
Napoleon Hill

A resiliência vem junto com acreditar em si mesmo, independente das atrocidades da vida. Uma pessoa resiliente pode cair muitas vezes, mas levanta-se, sacode a poeira e dá a volta por cima. Nem é de todo mal ter passado por dificuldades na infância se isso o impulsiona a lutar pelo que acredita. Através da dor também nos tornamos fortes e resilientes. Crescemos com a dor e com o amor. Como se diz no budismo, a vida é *dor*; precisamos apenas entender o porquê de ela estar ali e se ela incomoda é porque necessitamos de alguma maneira crescer, evoluir e aprender com ela.

Segundo definições do dicionário *Oxford Languages*, resiliência, *substantivo feminino*, é definido assim:

> Física – Propriedade que alguns corpos apresentam de retornar à forma original após terem sido submetidos a uma deformação elástica.
> Figurado – Capacidade de se recobrar facilmente ou se adaptar à má sorte ou às mudanças.

Podemos afirmar que todos nós somos capazes de nos tornar resilientes, precisamos apenas nos entregar à vulnerabilidade e à incerteza e aceitar que a vida é uma eterna impermanência. Você deve refletir desse modo: "se fulano conseguiu, eu também vou conseguir". Resiliência, portanto, é a capacidade de se adaptar em situações difíceis ou de fontes significativas de estresse. Na prática, quer dizer que, diante de uma adversidade, utilizamos uma força interior para nos recuperar.

Resiliência tem tudo a ver com amar-se, e isso requer o tal do amor-próprio, algo que nos é cobrado por uma vida inteira. Quantas vezes ouvimos: "Você não tem amor-próprio"; "É preciso ter amor-próprio". Contudo, ninguém explica o que ele significa ao certo.

Amor-próprio

Amor-próprio é o respeito nutrido por si mesmo. É cuidar-se, principalmente do corpo, mas também da alma e da mente. É a aceitação das qualidades, dos defeitos, das conquistas, dos fracassos, das escolhas e das experiências que temos na vida em toda a sua plenitude. Amar-se é compreender que a própria imperfeição e a possibilidade de errar, além de estar disposto a diariamente melhorar, crescer, evoluir sem orgulho. É ter humildade e caráter para assumir a responsabilidade dos erros e mudar. Diferente do que muitos pensam, pessoas arrogantes e pretensiosas são inseguras e, muitas vezes, não se amam e não se aceitam, por isso agridem e maltratam outras pessoas. Amor-próprio é respeitar a opinião do outro e mudar de ideia caso a do outro configure um argumento melhor.

Por que é tão difícil desenvolver o amor-próprio?

Não é nada fácil desenvolver e cultivar o amor-próprio. Segundo a psicologia, é uma das tarefas mais difíceis do ser humano. Um artigo, de 2014, da *Psychology Today*, explica por que algumas pessoas insistem em ficar tristes mesmo buscando a felicidade. Embora seja um artigo antigo, ele permanece atual e com o seu conteúdo relevante.

Segundo o doutor David Sack, "é possível se tornar viciado em infelicidade". Esse vício é alimentado pela falta de autoestima, ou seja, sem ela, a pessoa não consegue ver suas qualidades, o que pode ter influência de uma criação rígida ou de traumas sofridos, transtornos mentais, padrão de pensamento pessimista, medo de se relacionar e ser amado, insatisfação com a vida, culpabilidade, entre outros. A falta de amor-próprio está relacionada a vícios emocionais.

Para ter autoestima alta e amor-próprio, é fundamental abandonar o passado problemático e viver com vontade de estabelecer relacionamentos duradouros. A falta de "autoamor" resulta na crença de não merecimento. As pessoas acreditam que não merecem ser plenamente felizes e entram em depressão.

Um dos pilares do equilíbrio é o amor em todas as dimensões. Desde o simples fato de se poder acordar todos os dias, amar a vida como não houvesse amanhã, amar o que se faz, amar o trabalho, amar as pessoas, amar a família, amar a si mesmo e aceitar-se com todos os seus defeitos e qualidades, pois tudo faz parte do processo de alinhar-se para uma vida plena.

Amor é a única disciplina que viemos ao mundo aprender.
Marcela Argollo

Capítulo 4 - Autoconhecimento

Autoconhecimento se alcança através de atos bondosos.
Marcela Argollo

Não vemos as coisas como são, vemos as coisas como somos.
Anais Nin

Quem conhece os outros é sábio; quem conhece a si mesmo é iluminado.
Lao-Tsé

A felicidade pode ser encontrada mesmo nas horas mais difíceis se você se lembrar de acender a luz.
Alvo Dumbledore

Ter consciência de si mesmo não é uma tarefa fácil, mas possível. Até que ponto você se conhece? Tem a coragem de olhar para dentro de si com profundidade? Consegue analisar seus comportamentos, suas reações diante dos acontecimentos da sua vida e dominar sua mente? Essas questões são primordiais para falarmos sobre autoconhecimento.

Muitas pessoas passam pela vida, outras veem a vida passar por elas. As que passam pela vida são aquelas que trabalham no que não gostam, mantêm relações infelizes, acreditam que tudo vai mudar, mas não fazem nada para que isso aconteça. Essas pessoas vegetam, não vivem. O medo e a não autorresponsabilidade são desculpas para continuar em um caminho que se torna comodismo. Também é mais fácil ter pena de si mesmo, transformar-se em vítima, lamentando que a vida foi injusta consigo.

As pessoas cuja vida passa por elas sabem seu real propósito, traçam seus objetivos, aceitam o percurso que a vida lhes oferece, controlam as possibilidades e não se sucumbem aos "nãos" que a vida lhes apresenta. Eu vivo, eu existo e preciso viver da melhor forma, trabalhar na máxima potência, amar da melhor forma e não desistir um dia sequer de me conhecer e me desenvolver todos os dias, acertando ou errando.

A diferença entre os dois tipos é que o segundo pratica o autoconhecimento, a autocrítica e a resiliência porque tem consciência de que somos seres limitados mesmo quando somos persistentes e vencedores. Diferente do que diz a música "deixa a vida me levar... ", são pessoas que levam a vida de acordo com o que desejam, além disso, acreditam em si mesmas, mesmo quando nada sai do jeito que imaginam. É fato que a vida é incontrolável, os acontecimentos nos surpreendem a toda hora, mas a diferença está em afirmar nas ações que a dor é inevitável, mas o sofrimento é opcional.

Tem que ter coragem para ser quem se é mesmo que os outros critiquem. A maioria pensa do mesmo jeito, sonha do mesmo jeito, luta do mesmo jeito, então, que tal você olhar profundamente para si mesmo, com coragem e determinação e conhecer-se? Existem várias formas de conseguir perceber quem se é de verdade e por que está no mundo. Você pode fazer mentoria, terapia convencional, buscar a espiritualidade e o encontro consigo mesmo, pesquisar uma religião que o torne uma pessoa melhor, uma terapia alternativa, estudos mais aprofundados de filosofia, viagens, leituras e inesgotáveis métodos que te ajudem a olhar em seu âmago.

A arte do equilíbrio

Existem fatores que são indispensáveis para a busca do autoconhecimento, os quais destacamos a seguir.

Meditação

> A ação perfeita é o fruto da meditação perfeita.
> *Textos hindus*

> Uma profunda meditação vale mais do que mil palavras.
> *Textos judaicos*

> Eu medito sem palavras e sobre o nada.
> *Clarice Lispector*

A palavra "meditar" surgiu da raiz latina *meditatum*, que quer dizer "ponderar", mas o significado mais comum que vemos é o que vem também do latim *meditare* e significa "estar em seu centro", "voltar-se para o centro". O foco é contemplar um relaxamento corporal, com diminuição da respiração, o que traz uma sensação plena de tranquilidade, paz, calmaria, tanto espiritual como física. A concentração é o que possibilita entrar nesse transe inigualável.

Ter tempo para si mesmo

É necessário organizar sua rotina de tal forma que possa ter alguns períodos livres para dedicar-se a si mesmo. Olhar para dentro e refletir sobre a sua existência, os seus gostos, os seus desejos e objetivos. Aproveite para se dedicar a um hobby, pensar em sua vida, curtir o silêncio e curtir a sua própria companhia. Entender quais são as suas novas percepções exige coragem e amor-próprio.

Procurar novas vivências e experiências

Somos singulares, únicos, e permitir-se viver e conhecer pessoas diferentes de nós é algo maravilhoso. É preciso entender a alteridade humana, ou seja, reconhecer e respeitar as diferenças entre as pessoas, o outro diferente que te faz pensar e mudar. Viajar, por exemplo, pode nos proporcionar isso. Quando conhecemos pessoas de culturas diferentes, há uma compreensão maior de quem somos e a descoberta de termos coisas que desconhecíamos em nós mesmos.

Questionar-se

Mergulhar em si mesmo e autoconhecer-se nunca acontecerá se você continuar com as mesmas convicções e certezas. Por que você tem certos comportamentos, vontades e opiniões? É sabido que nos incomoda responder a essas perguntas, pois talvez nos cause mais dúvidas e questionamentos, mas só assim você conseguirá construir um "eu" flexível e terá uma personalidade aberta às novas possibilidades que ocorrerão em sua vida.

Buscar profissionais qualificados

Como foi dito anteriormente, existem várias formas que funcionam individualmente para a busca do autoconhecimento. Os psicólogos que atuam como psicoterapeutas são especializados em processos de autoconhecimento. Terapia é fundamental para potencializar sua jornada, mas você deve tomar cuidado na busca desses profissionais. Não hesite em buscar essa ajuda com profissionais qualificados. É um investimento que vale a pena. Você perceberá que falar sobre as suas dúvidas, angústias, confusões e frustrações te ajudará a tomar decisões importantes, dando-lhe impulso para crescer e seguir sempre em frente. O mesmo vale para outros apoios citados.

Refletir sobre a sua trajetória e a sua ancestralidade

Olhar para o passado é um exercício importante para compreender melhor as suas escolhas e as atitudes a serem realizadas, tanto no presente como no futuro. A maneira como enxergava a vida é a mesma segundo a qual enxerga atualmente? Ter esse retrospecto te ajudará a identificar padrões repetidos durante a sua jornada. O passado serve para aprendermos e para não cometermos os mesmos erros. Saber também de onde vêm suas raízes é fundamental para que você possa saber seu passado histórico, origem, cultura e crenças.

O processo do crescimento é contínuo

Nunca terá fim o processo de autoconhecimento, e você deve estar consciente disso. Estamos todos em transformação permanente. Em vez de assustar-nos nesse processo, devemos agradecer por podermos mudar, crescer, melhorar, evoluir e nos tornarmos pessoas melhores a cada dia.

Ser gentil consigo mesmo

Amar-se também é ser generoso e leve consigo mesmo. Não se cobre tanto, aprenda a se perdoar diante dos seus erros e corrija seu rumo se necessário para não os cometer novamente. O melhor caminho é aquele em que você se transforma e causa mudanças de verdade em si mesmo. Seja gentil consigo e com as limitações do outro. O mundo já é cruel com todos. Você vai ser cruel com você também? Pense nisso.

Capítulo 5 - Autenticidade

A palavra "autenticidade" deriva da junção de *autêntico* e do sufixo *-idade*. Significa aquilo que é autêntico, ou seja, que não passou por processos *de* mutações ou reproduções inoportunas.

> Só aquilo que somos realmente tem o poder de nos curar.
> *Carl Jung*

> Buscas a perfeição? Não sejas vulgar. A autenticidade é muito mais difícil.
> *Mario Quintana*

> É só dos sentidos que procede toda a autenticidade, toda a boa consciência, toda a evidência da verdade.
> *Friedrich Nietzsche*

> Seja quente ou seja frio. Não seja morno, senão te vomito.
> *Apocalipse 3:16*

O que é ser autêntico? No mundo em que vivemos, muitas pessoas usam máscaras, criam uma persona para serem aceitas na sociedade, no grupo ou no trabalho. Muitas vivem uma vida inteira sem saber quem são de verdade. Vivem na mentira de ser quem não são realmente e, com certeza, pessoas assim não são autênticas. É preciso muita coragem para ser autêntico e viver sua real verdade. É preciso ousar e acreditar em si mesmo apesar de críticas, julgamentos e retaliações sofridas.

Eu costumo dizer que pessoas autênticas fazem história, deixam marcas. Steve Jobs, fundador da Apple e criador do Macintosh, é um exemplo. Ele era determinado, autêntico e acreditava em si mesmo apesar de muitos dizerem que ele era um louco. Jobs mostra-nos o poder da palavra e da ação. Os seus argumentos convenciam até os incrédulos porque ele era ousado. Tem que ser ousado para ser autêntico. Em 1983, enquanto enfrentava muitos nãos de seus colaboradores para poder impor suas ideias, pois Jobs acreditava no poder da inovação com o Macintosh, convidou John Sculley, então CEO da PepsiCO para tornar-se CEO da Apple. John ficou relutante em aceitar, mas foi convencido por Steve Jobs com a frase histórica: "Você quer passar o resto da vida vendendo água com açúcar ou quer uma chance de mudar o mundo". E John mudou...

Muitas personalidades que marcaram a história confirmam que aqueles que são autênticos criam coisas fantásticas e mudam o mundo. Vejamos alguns exemplos:

- **Mahatma Gandhi** (1869-1948) – Por causa da colonização inglesa, ele criou o *satyagraha* – termo sânscrito que significa "busca da verdade" ou "insistir pela verdade", caracterizado pelo modo de protestar por meio da não violência – com o objetivo de obter uma resistência sem violência. Obteve sucesso. Gandhi é considerado o fundador do estado indiano moderno.
- **Joana d'Arc** (1412-1431) – Nasceu no dia 6 de janeiro de 1412, no vilarejo de Domrémy, na região de Borrois (França). Tornou-se uma heroína francesa da Guerra dos Cem Anos, travada entre a França e a Inglaterra. Foi beatificada em 1920 e, atualmente, é Santa Padroeira da França.

A arte do equilíbrio

- **Coco Chanel** (1883-1971) – Gabrielle Bonheur Chanel, seu nome de batismo, nasceu na pequena vila de Saumur (França), no dia 19 de agosto de 1883. Filha de uma lavadeira e de um vendedor de roupas, ficou órfã de mãe quando tinha 6 anos de idade e foi levada pelo pai, junto com mais quatro irmãos, para um orfanato na cidade de Auvergne, onde ficou até 1903. Trabalhou como balconista em uma loja de tecidos, onde aprendeu a costurar. Foi cantora de cabaré e passou a adotar o nome "Coco Chanel", tirado da música "Qui qu'a vu Coco". Tornou-se uma estilista francesa e uma inovadora no campo da moda. Fundadora da marca "Chanel", formou um grande império na produção de roupas, bolsas, sapatos, perfumes, acessórios etc.
- **Nelson Mandela** (1918-2013) – É considerado, sem dúvida alguma, o mais importante líder do movimento contra o Apartheid, regime segregacionista da África do Sul. Além disso, foi o primeiro presidente negro da África do Sul, entre 1994 e 1999, após 30 anos de prisão pelo fim do regime. Merecidamente, em 1993, ganhou o prêmio Nobel da Paz.
- **Martin Luther King Jr.** (1929-1968) – Foi pastor protestante e ativista político, considerado um dos mais importantes líderes do movimento pelos direitos civis dos negros nos Estados Unidos.
- **Malcolm X** (1925-1965) – Foi um dos maiores líderes pelos direitos igualitários entre negros e brancos nos Estados Unidos, assim como Luther King. Ambos seguiam filosofias diferentes no modo de expressar a defesa do povo negro.
- **Henry Ford** (1863-1947) – Empreendedor norte-americano fundador da Ford Motor Company nos Estados Unidos e o primeiro a usar um sistema de montagem em série para ganhar em agilidade e produtividade.

- **Sofia Ionescu-Ogrezeanu** (1920-2008) – Esta romena é considerada a primeira neurocirurgiã do mundo. Através dessa excelente atitude, incentivou outras mulheres a se sentirem motivadas para estudar medicina e tornarem-se cirurgiãs.
- **Kate Sheppard** (1848-1934) – Foi uma das principais líderes do movimento sufragista da Nova Zelândia, que se tornou o primeiro país do mundo a ter o voto feminino.
- **Albert Einstein** (1879-1955) – Foi um físico que desenvolveu a teoria da relatividade geral, o que é uma das bases da física moderna.
- **Florence Nightingale** (1820-1910) – Enfermeira considerada pioneira no tratamento de feridos de guerra. Seus procedimentos são referência na área e utilizados até hoje.

Concluindo, autenticidade é aquilo que é verdadeiro. É a pessoa que age com verdade e expressa os seus sentimentos e as suas opiniões sem temer ofensas nem retaliação. Ela não age com falsidade e não tem segundas intenções e, quando deseja alguma coisa, expressa a sua vontade e até explica muitas vezes para que não seja malentendida futuramente em situações constrangedoras.

Capítulo 6 – Legado e Propósito

Legado

A palavra vem do latim *legatum* – "algo deixado em testamento" – e de *legare* – "delegar, enviar como representante, encarregar".

> O que você quer ser quando morrer?
> *Marcela Argollo*

> Eu não estou preocupado com a morte, mas com a vida, para que ela não seja banal e fútil. Quando você se for, o que vai deixar?
> *Mario Sérgio Cortella* (filósofo)

> Você não tem ideia de qual é o seu legado! O seu legado é cada pessoa que você conheceu, cuja influência foi sentida por você!
> *Oprah Winfrey*

É sabido que não levamos nada desta vida. Muitos esquecem que nem o corpo se leva. Mas a questão aqui é: O que deixamos? Você é uma pessoa que se preocupa com o outro ou vive ao redor do seu umbigo? Se é o segundo tipo de pessoa, deixará saudade em poucos e, provavelmente, sua passagem terrena não tenha tido propósito, tema que elucidaremos a seguir.

Lembra aquela máxima de que "plantamos para colher". O que você planta? Como é a sua relação com as pessoas? O seu objetivo é deixar apenas herança? O problema é que, se o seu foco é deixar apenas herança material, muitos só estarão interessados na sua fortuna e, quando morrer, não causará tanta tristeza. Já imaginou que vida sem sentido viveu? Trabalhou para que os herdeiros usufruam do seu dinheiro e dos seus bens. Pior que tudo, se deixar dívidas, os herdeiros o amaldiçoarão pela eternidade. Agora, se focou em deixar um legado mesmo quando enfrentou dificuldades, todos que conviveram com você aprenderam o que realmente é importante na vida, por intermédio de seus exemplos e suas ações.

"Não podemos apequenar a vida, torná-la superficial, rasa, fútil ou morna. A morte não vem somente quando o corpo fale, mas quando se é esquecido. Quando você se for, que falta fará?", é com essa frase do filósofo Mario Sérgio Cortella que o convido a refletir sobre sua existência e fazer a seguinte pergunta a si mesmo(a): Quando você se for, que falta fará? As pessoas dirão que aprenderam muito contigo, que adoravam estar perto de você, que a sua sabedoria ficou com elas, que o mundo perdeu uma excelente pessoa, que sentirá saudade de ti, que você deixou sua marca nas pessoas. Sem você o mundo ficará menos colorido? Estará no pensamento das pessoas? Nas ações das pessoas?

A maior pergunta de todas é: O que você quer ser quando morrer? Qual marca e legado quer deixar no mundo? Trabalha para melhorar o mundo e as futuras gerações? Acredita em si mesmo(a) ou sempre coloca o medo e o julgamento dos outros à frente de seus objetivos e sonhos? Viveu?

A arte do equilíbrio

São muitas questões. São perguntas fundamentais que precisam ser feitas sempre que puder recomeçar. Viver é um recomeço diário, e podemos melhorar sempre. O planeta precisa de pessoas conscientes e sintonizadas com a sua preservação, não só física mas moral, nas atitudes de salvá-lo não apenas para quem está vivo, mas pensando naqueles que virão. As suas ações precisam condizer com suas palavras em relação ao meio ambiente, ao planeta, seja no trabalho, na família, nas relações de amizade ou nas relações afetivas. Se eu digo que jogar canudo no mar pode matar as tartarugas, eu não posso, em hipótese nenhuma, jogar o canudo no mar, nem na areia, nem no chão, aliás, devo evitar usar canudo a não ser que seja ecológico.

Qual o legado que quer deixar?

> Embora ninguém possa voltar atrás e fazer um novo começo, qualquer um pode começar agora e fazer um novo fim.
> *Chico Xavier*

Propósito

A palavra "propósito" vem do latim *propositu* – intenção – e significa: deliberação, resolução, decisão e/ou intento, projeto.[1]

> Todas as graças da mente e do coração se escapam quando o propósito não é firme.
> *William Shakespeare*

---

1 *Dicionário da Língua Portuguesa*. Porto Editora, 2008.

A arte do equilíbrio

O segredo do sucesso é a constância do propósito.
Benjamin Disraeli

Tal como o espaço vazio numa pintura, o tempo em que nada acontece tem seu propósito."
De Bono

Até onde conseguimos discernir, o único propósito da existência humana é acender uma luz na escuridão da mera existência.
Carl Jung

Quando estiver no leito de morte, partirá com a consciência leve de que fez tudo da melhor forma em sua vida? Do que se arrependerá de não ter realizado e por que não faz nada para que isso não aconteça? Que tal ter como propósitos realizar seus objetivos ou aqueles mais importantes na pirâmide da sua vida.

A doutora Ana Claudia Quintana Arantes é médica formada pela Universidade de São Paulo, com residência em geriatria e gerontologia no Hospital das Clínicas da FMUSP. Fez pós-graduação em psicologia – Intervenções em Luto, pelo Instituto 4 Estações de Psicologia, e especialização em Cuidados Paliativos, pelo Instituto Pallium e pela Universidade de Oxford. Escreveu o livro best-seller *A morte é um dia que vale a pena viver*. Considero esse livro indispensável a todos que querem se aprofundar na grande jornada da vida, pois a morte é inexorável e essa leitura é um excelente motivo para se buscar um novo olhar para a vida. Ana Claudia cita os arrependimentos da maioria das pessoas no leito de morte. Em seu livro, a sensível doutora nos faz penetrar na grande pergunta: O que estou fazendo com a minha vida?

A arte do equilíbrio

> Deixamos em suspenso as nossas descrenças, e não somos os únicos.
> *Neil Peart*

Segundo Ana Claudia, as cinco afirmações mais feitas quando se confronta a finitude da vida são:

1. **"Eu gostaria de ter priorizado as minhas escolhas em vez de ter feito escolhas para agradar aos outros."** – Fazer só o que outros esperam de si é como vegetar. É como se vivesse a vida do outro, e não a sua.
2. **"Eu gostaria de não ter trabalhado tanto."** – Quando se trabalha em algo que te dá prazer ou que transforma para melhor a sua vida e a de outras pessoas, dificilmente se tem esse tipo de arrependimento. Viver uma vida inteira fazendo o que não se gosta, acomodado com o que se tem sem lutar para mudar, trará tristeza e arrependimento na finitude da vida.
3. **"Eu gostaria de ter tido coragem de expressar os sentimentos"** – Passar a vida sem dizer o que sente às pessoas, mesmo que não seja algo bom, traz muito arrependimento. Imagina você amar uma pessoa e nunca dizer isso a ela? Ou fazer uma crítica que poderia mudar a sua vida e a da outra pessoa para melhor.
4. **"Eu gostaria de ter mantido contato com os amigos."** – Nem sempre a família é o nosso alicerce. Para muitos, os amigos são os escolhidos para ficar junto na hora da morte. E vem a pergunta: Por que eu não fiquei mais próximo de meus amigos durante a minha vida?
5. **"Eu gostaria de ter me deixado ser mais feliz."** – É fato que ficamos tristes por motivos pequenos, por coisas insignificantes se olharmos a importância da vida. Na hora da partida, muitos se arrependem de não ter sorrido mais e ter aproveitado mais a vida.

A arte do equilíbrio

O nosso propósito de vida é aquilo que nos faz caminhar sempre, que nos mantém vivos, fortalece o nosso amor pela vida, faz-nos pertencer e agradecer.

Além disso, o propósito de vida relaciona-se com os planos que tem para si e para os que estão à nossa volta. Isso significa vivermos o nosso propósito com o sentimento de poder contribuir e de sermos reconhecidos por isso.

Ter propósito na vida não se refere apenas a trabalho, mas a todos os horizontes da vida. É algo contínuo e que engloba o lado pessoal também. Ninguém quer ter sucesso no trabalho apenas para ganhar dinheiro, mas para ter uma qualidade de vida também. De nada adianta receber um excelente salário e não gostar de onde se vive, não gostar do(a) seu(sua) parceiro(a), não ajudar as pessoas que você ama e precisam do seu apoio. O propósito não caminha sozinho, mas sim lado a lado com todas as suas escolhas.

As profissões que escolhemos precisam caminhar juntas à nossa vida pessoal e ao nosso propósito. Portanto, não basta focar apenas o trabalho e o Método Alinhar-se te ajuda a encontrar o equilíbrio em todas as áreas da sua vida. Alargar os horizontes em todos os campos e ousar arriscar-se fará você descobrir novos caminhos e conhecer de fato coisas novas e gratificantes.

Viver o nosso propósito também pode ser medido pelas pessoas com quem convivemos. Qual a diferença que fazemos na vida delas? Conseguimos manter-nos alinhados com o que nos faz bem nos níveis físico, emocional e mental. O que você ouve das pessoas condiz com as atitudes delas? Se o seu propósito condiz com o seu bem-estar, com a sua identidade e faz a sua vida valer a pena, está no caminho de alinhar-se e de prosperar.

Muitos perguntam-se para que um propósito se elas não fazem nada dito especial pela sociedade. Garanto-lhe que tudo é especial, porque precisamos uns dos outros e, se você fizer bem o seu trabalho, respeitar-se e respeitar o seu próximo, com certeza deixará marcas e mudará a vida de muitas pessoas. Quantas pessoas são sábias, ajudam-nos, encantam-nos e não têm diplomas, estudos. De modo que outras, possuidoras de diplomas, estudos etc., só sabem repetir o que está nos livros, para elas, vale o ditado popular: "Faça o que eu digo, mas não o que eu faço".

Você não deve deixar que os outros te bloqueiem. Repito: cada um tem o seu papel e o seu propósito que, muitas vezes, não tem nada a ver com fazer algo grandioso e impactante. O seu propósito precisa fazer-lhe feliz e nada o impede de ir mudando ao longo da vida. Quantas mulheres donas de casa, após os filhos crescerem, descobrem-se através de um hobby ou de um trabalho extrafamiliar.

O mundo pode gritar dizendo que você não vai conseguir, mas depende de você seguir em frente com o seu propósito, afinal, o mundo é só o mundo, as pessoas são só pessoas e jamais podem ditar e afirmar sobre o seu potencial. Diga "não" às pessoas, aos preconceitos e às convenções da sociedade. Não duvide de seu potencial e de suas escolhas.

Quais são as ferramentas fundamentais para conseguir perceber o meu propósito? Vou te dar umas dicas fundamentais, mas, no meu próximo livro, você terá acesso a todas as ferramentas para conquistar o seu propósito.

Primeira dica: autoconhecimento

Ser fiel a si mesmo deve ser uma meta, e a única forma de conseguir isso é pelo autoconhecimento. O seu propósito pode ser simples para os outros, mas isso não importa, como dito anteriormente, o essencial é o que você acredita e deseja. O sucesso do outro deve te dar apoio para encontrar o seu caminho e nunca para travar a sua jornada. Não se compare, pois você é único e todos somos importantes. Leia muito, frequente um templo no qual se sinta bem, faça terapia, não tenha medo de penetrar em si mesmo.

Segunda dica: preparar uma lista com prioridades

Por qual motivo escolheu o seu propósito? A melhor forma de fazer isso é preparando uma lista acrescentando tudo o que é fundamental para se executar durante o processo. Descubra por que escolheu fazer suas escolhas. Pense e reflita com sinceridade. Caso perceba que não está pronto, recue e recomece.

Terceira dica: estabelecer prioridades

Coloque no topo da lista a prioridade mais importante pelo momento que vive, ou mesmo "as várias prioridades". O sentimento de felicidade, a sensação de segurança e de realização são importantes neste momento.

Quarta dica: identificar o que incomoda e o que te deixa feliz

Aproveite para assumir um compromisso para mudar o mundo fazendo a sua parte. Escreva numa lista o que consegue fazer e com o que precisará da ajuda de outras pessoas. Foque o que é mais importante, as coisas grandiosas. Lembra que falamos que a sua vida é única e fazer a sua parte já é algo grandioso?

Quinta dica: definir o legado que quer deixar

Pergunte-se: afinal, o meu propósito consegue ajudar muitas pessoas? Será útil para futuras gerações? Para responder a essas questões, você precisa descobrir o que significa o mundo para você e entender que deixar sua marca nem sempre é algo que atinja fama, porque o importante é o sucesso de sua realização.

Sexta dica: relacionar-se com boas pessoas

Conviver com pessoas que nos desafiam a ser pessoas melhores a cada dia e que nos façam críticas construtivas, melhora-nos como seres humanos. Algumas pessoas "puxam" o pior em nós, outras ajudam-nos a trazer à tona o melhor em nós. Identifique, dentro de suas relações pessoais e/ou profissionais, quem te ilumina mesmo com críticas e quem te destrói mesmo com elogios. A intuição "grita", na maioria das vezes, perto de pessoas que nos fazem mal. Procure encarar sua intuição nesses casos, mesmo que pareça um julgamento. Você vai perceber que, ao se afastar desse tipo de pessoas, a sua vida irá fluir muito melhor e terá maiores conquistas.

Capítulo 7 - Gratidão

A palavra "gratidão" tem sua origem no latim *gratia*, que tem seu significado da palavra "graças" ou *gratus*, que, em sua tradução fiel, significa agradável. Então, gratidão denota ser grato a algo que a vida nos dá, seja algo bom ou ruim.

> Em tudo dai graças, porque esta é a vontade de Deus em Cristo Jesus para convosco.
> *1 Tessalonicenses 5:18*

A *Sutra Sagrada: chuva de néctar da verdade* é uma das principais obras do mestre Masaharu Taniguchi, fundador da filosofia Seicho-no-ie. A seguir, são apresentados excertos extraídos do referido livro:

> Reconcilia-te com todas as coisas do céu e da terra. [...] Quando se efetivar a reconciliação com todas as coisas do céu e da terra, tudo será teu amigo. [...] Quando todo o Universo se tornar teu amigo, coisa alguma do universo poderá causar-te dano. [...] Se és ferido por algo ou se és atingido por micróbios ou por espíritos baixos, é prova de que não estás reconciliado com todas as coisas do céu e da terra. [...] Reflexiona e reconcilia-te. [...] Esta é a razão porque te ensinei, outrora, que era necessário te reconciliares com teus irmãos antes de trazeres oferenda ao altar. [...] Dentre os teus irmãos, os mais importantes são teus pais. [...] Mesmo que agradeças a Deus, se não consegues agradecer

A arte do equilíbrio

a teus pais, não estarás em conformidade com a vontade de Deus. [...] Reconcilia-te com todas as coisas do Universo. [...] A reconciliação verdadeira não é obtida nem pela tolerância nem pela condescendência mútua. Ser tolerante ou ser condescendente não significa estar em harmonia do fundo do coração. A reconciliação verdadeira será consolidada quando houver recíproco agradecer. [...] Mesmo que agradeça a Deus, aquele que não agradece a todas as coisas do céu e da terra não consolida a reconciliação com todas as coisas do céu e da terra. [...] Não havendo a reconciliação com todas as coisas do Universo, mesmo que Deus queira te auxiliar, as vibrações mentais de discórdia não te permitem captar as ondas da salvação de Deus. [...]

[...] Agradece à Pátria.
Agradece a teu pai e a tua mãe.
Agradece a teu marido ou a tua mulher.
Agradece a teus filhos.
Agradece a teus criados.
Agradece a todas as pessoas.
Agradece a todas as coisas do céu e da terra. [...]

[...] Somente dentro desse sentimento de gratidão é que poderás ver-me e receber a Minha salvação. Como sou o Todo de tudo, estarei somente dentro daquele que estiver reconciliado com todas as coisas do céu e da terra. [...] Não sou presença que possa ser vista aqui ou acolá. [...] Por isso não me incorporo em médiuns (*). Não penses que chamando por Deus através de um médium, Deus possa Se revelar. [...] Se queres chamar-me, reconcilia-te com todas as coisas do céu e da terra e chama por Mim, porque sou Amor. [...] Ao te reconciliares com todas as coisas do céu e da terra, aí, então, me revelarei. [...]

A arte do equilíbrio

A gratidão é estar conectado com o Universo e com boas energias. A ingratidão destrói uma família, um relacionamento, uma amizade. Ser grato é ser amor e distribuir afeto e alegria. Apesar das dores que sentimos, de vínculos desfeitos em nossa caminhada com pessoas que foram importantes em nossa vida, precisamos deixá-las ir com gratidão pelo tempo que estiveram em nossa vida e pelo aprendizado obtido com elas. O ciclo de relacionamento pode ter acabado, mas a gratidão deve ser infinita.

Quando se trabalha em uma organização e se quer sair, procurar algo novo, seja grato pelo tempo que ali esteve ou ainda está por vir. Toda experiência é positiva, mesmo que difícil. Crescer dói, mas é maravilhoso. Ao acordar, agradeça por estar vivo, agradeça por ter o que comer, agradeça por sentir o vento no rosto e o amor das pessoas. Essa chave só você consegue virar. Deixe de ser vítima e seja o protagonista da sua história com gratidão.

Capítulo 8 - Perdão

A palavra perdão tanto no latim como no grego significa *perdonare*, de *per-* – "total, completo" – mais *donare* – "dar, entregar, doar". Nada tem a ver com "perda de razão".

> A raiva é um veneno que bebemos esperando que os outros morram.
> **William Shakespeare**

> O fraco jamais perdoa: o perdão é uma das características do forte.
> **Mahatma Gandhi**

> O perdão é um catalisador que cria a ambiência necessária para uma nova partida, para um reinício.
> **Martin Luther King**

Diante de várias definições de amor, encontrei a que mais me identificou ao assistir a um debate no qual o pianista com sólida carreira internacional Álvaro Siviero define esse sentimento:

> Eu estudei ciências exatas, então vamos fazer o resgate de alguma coisa que pode ser uma nave espacial, mas em química quando você quer formar uma molécula, vai colocando átomos ali dentro até o limite máximo de átomos que você pode colocar, se não a molécula colapsa. Então é por isso que a gente tem o hipoclorito, clorito, cloreto, clorato e perclorato. Você obterá o permanganato, o peróxido e

chegará no nível máximo de átomos dentro daquele oxigênio. Por que eu digo isso? Porque quando você está no limite máximo, você usa o prefixo PER. Uma coisa pode estar feita e pode estar perfeita. Você pode seguir ou pode perseguir, pode permanecer, pode perfazer etc. Per é o nível máximo. Amor é o oposto do egoísmo. No egoísmo você recebe, no amor você dá. Então se você quer doar em grau máximo, perdoa.

Perdoar é o maior ato de amor, também porque somos responsáveis pela reação que causamos no outro. Muitas vezes, provocamos dissabores e mal-entendidos. "Ele me causou o transtorno pois eu atraí esse fato – eu sou responsável por isso também e não posso deixar só no outro". A psicanálise também é muito interessante para o crescimento pessoal porque ajuda a pessoa a perceber que ela também é responsável pelo que acontece em sua vida, principalmente as coisas boas e más nos relacionamentos. *Ninguém é apenas vítima. Por que os relacionamentos de uma pessoa sempre acabam mal; por que não consegue se manter num emprego por muito tempo; por que as coisas sempre dão errado* são questões fundamentais para se trabalhar na terapia psicanalítica. É libertador quando entendemos e incorporamos em nossa vida que nossas ações e palavras podem destruir algo valioso e causar um caos para nós e para os outros. Por isso, conheça-se profundamente para evoluir mentalmente, espiritualmente nas palavras e ações.

Antes de perdoar-se e perdoar o próximo, é necessário ser grato, agradecer, ter gratidão pela vida, pelas pessoas que te cercam, pela família, pelo trabalho, pelo pôr do sol, pelo nascer do sol, gratidão pelas coisas boas e ruins da vida e até pela morte. Sim, devemos agradecer tudo e verbalizar o agradecimento, pois a fala tem poder. Como foi dito no capítulo sobre a gratidão, "Reflexiona e reconcilia-te várias vezes, não uma única vez: consigo mesmo primeiro e, depois, com seu marido, sua esposa, seu filho, sua filha, sua mãe, seu pai, sua avó, seu avô. Perdoe até mesmo aquele que é o seu inimigo. Ele é alguém que existe para te ajudar a aprender algo. Perdoe.

Oração do perdão

O perdão é uma graça que Deus dá a todos os que o buscam de coração sincero:

> Em nome do Pai, do Filho e do Espírito Santo. Deus, Pai de amor e bondade, que em Sua infinita misericórdia acolhe todos os que se aproximam de Vós com o coração arrependido, acolhei meu pedido de perdão por tantas faltas cometidas contra Ti e meus irmãos.
> Senhor Jesus Cristo, Mestre da ternura e do amor, que devolveu a vida em plenitude a tantos homens e mulheres imersos no pecado e caminhantes das trevas, conduzi-me nos caminhos do perdão e fortalecei minha alma para que eu tenha a humildade de pedir perdão e a misericórdia de saber perdoar. Espírito Santo, Consolador da alma, Advogado dos justos e Paráclito do amor, inspirai em meu coração gestos de bondade e ternura, que devolvam aos corações angustiados a beleza do perdão e as graças da reconciliação.
> Amém.

O que vem a ser reconciliação recíproca num mundo tão conturbado em que vivemos. É possível? Claro que sim. Como dito antes, reconciliar é um ato de perdão recíproco; é realmente libertador e, com certeza, um trampolim para o crescimento pessoal. Muitas vezes, não fazemos nada ao outro e somos genuinamente vítima.

A arte do equilíbrio

Será que o ódio e a raiva nutridos pelo outro não é um veneno para nós mesmos?; como afirma o dramaturgo William Shakespeare.

Não é fácil perdoar alguém que nos fez mal, mas, se olharmos de outra forma, veremos que esse mal pode ter nos trazido algo mais positivo do que imaginamos. Livrar-nos desse mal e aos outros. Precisamos transcender para termos a transformação espiritual.

O que acha de começar o exercício do perdão aos seus pais. Exercite o perdão, controle o cavalo indomável que é sua mente e descobrirá que perdoar os pais é sinônimo de libertação.

> De fato, se vocês perdoarem aos homens os males que eles fizeram, o Pai de vocês que está no céu também perdoará a vocês.
> *Mateus 6-14*

> Quando vocês estiverem rezando, perdoem tudo o que tiverem contra alguém, para que o Pai de vocês que está no céu também perdoe os pecados de vocês.
> *Marcos 11-25*

Capítulo 9 - Karma ou Carma

Pensar, falar e agir

"Karma" ou "Carma" **é** uma adaptação do termo sânscrito *karman* e vem da raiz *kr* que significa "fazer, agir".

> Como as pessoas tratam você é o carma delas; como você reage é o seu carma.
> *Wayne Dyer*

> A lei do karma é inevitável, e o destino devolve com juros.
> *Douglas Henrique*

> Aprenda! Tudo que você faz para alguma pessoa, o mesmo talvez jamais fará igual. O karma é delas, não o seu! Não espere princípios de honra, honre seus princípios e tenha compaixão.
> *Melchisedech Krajewski*

> Sorte da vida. Todos temos um carma, mas poderemos mudá-lo com livre-arbítrio!
> *Jr Kleinlein*

Antes de prosseguirmos sobre esse tema tão importante, precisamos ter consciência de que karma não é algo ruim. Karma é o aprendizado que precisamos para nos desenvolvermos e sermos seres humanos melhores e mais conscientes. Nós causamos as coisas boas e ruins ao longo de nossa jornada, pois o universo avisa, fala diversas vezes e até "grita" a mesma coisa até que consigamos ouvir. Por isso é urgente nos acalmarmos, principalmente a mente, para que possamos ouvir o que ela tem a nos dizer. Os sinais aparecem a toda hora, muitas vezes através de pequenos gestos. Fique atento aos sinais.

Karma (antiga língua sagrada indiana) é uma palavra do sânscrito que significa "ato determinado ou ação". Esse termo tem origem nas religiões budista, hinduísta e jainista, o qual também foi adotado pela filosofia espírita.

No início, a palavra "karma" significava "força" ou "movimento". A literatura pós-védica evoluiu o termo para "ordem" ou "lei", que designa com firmeza a preservação da força. O significado desses termos afirma que cada pessoa é responsável por suas ações e colherá o fruto delas. Quem não ouviu a frase: "Colhemos o que plantamos". O karma foca a importância dos comportamentos individuais. Nem todas as filosofias e religiões na Índia incluem castigo, redenção, remissão como conceitos de culpa, mas no budismo é essencial que um ser humano desenvolva intenções corretas e boas atitudes.

Então, é importante termos consciência de que karma não tem a ver com destino como muitos pensam, e sim a causa e o efeito que nos conectam ao Samsara, o nome do ciclo vida – morte e renascimento. Segundo o karma, tudo está conectado e interligado, por isso, devemos nos conscientizar de todas as nossas ações porque teremos retornos maléficos ou benéficos.

Capítulo 10 - Culpa

A palavra "culpa" vem do latim – "negligência, descuido, dano, crime". A expressão *mea culpa*, "minha culpa", foi agregada ao latim eclesiástico em 1374.

> A culpa é a mais cruel das prisões.
> **Luciene Balbino**

> Acho que devemos fazer coisa proibida – senão sufocamos. Mas sem sentimento de culpa e sim como aviso de que somos livres.
> *Clarice Lispector*

> Não dá para nutrir sentimentos como hostilidade, ciúme, medo, culpa, depressão. Essas são emoções tóxicas. Importante: onde há prazer, há a semente da dor, e vice-versa. O segredo é o movimento: não ficar preso na dor, nem no prazer (que então vira vício). Não se deve reprimir ou evitar a dor, mas tomar responsabilidade sobre ela.
> *Deepak Chopra*

> A dor precisa ser sentida.
> *John Green*

> A ira é um sentimento muito poderoso mesmo! Mas a culpa? Pode acreditar, vai te destruir.
> *Stefan Salvatore*

A arte do equilíbrio

> Tentativas.
> Mesmo que não consiga tentarei, para não carregar o sentimento de culpa pela dúvida por não ter tentado.
> *Márcio Souza*

Chamamos a culpa de "sentimento de culpa" porque é um sentimento. Pessoas julgam-se por algo que fizeram no passado, algumas até antecipadamente por algo que pensam em fazer no futuro. Segundo a psicanálise, esse sentimento nasce do fracasso em relação à imagem que o superego projetou. Ficamos decepcionados conosco quando não conseguimos realizar aquilo que o nosso superego imaginou. No peito vem aquela angústia que insiste em nos pertencer. Quem nunca sentiu isso? Nós somos os nossos maiores sabotadores e críticos. O bom é quando transformamos tudo isso em algo melhor, quando crescemos e investimos em algo que nos projete para a frente. Tente pensar: eu estou me culpando por quê? Quem não erra ou faz algo ruim? O que posso fazer com isso para melhorar, me redimir etc.?

Vamos entender melhor por que Sigmund Freud (1856-1939) afirmou todas essas coisas em seu livro *O mal-estar na civilização*. Nessa obra, Freud faz uma análise profunda de como o ser humano sacrifica e reprime a espontaneidade instintiva em prol do progresso cultural e social. No livro também é analisada a origem dos sentimentos de culpa e, de uma maneira geral, expõe de uma forma completa as suas ideias sobre a história da humanidade, como também reflexões em tempos de morte e de guerra.

Freud surpreende-nos ao mostrar que a severidade do superego equipara-se à severidade da consciência. O ego compreende o que está a ser vigiado e assim consegue esforçar-se para superar as demandas do superego.

A culpa, segundo a visão religiosa, acontece quando violamos uma regra moral. Quando fazemos algo que a nossa religião condena, sentimo-nos pecadores, e logo a culpa aparece em nossos sentimentos. Baseamos o que fizemos nos padrões da ética divina ou dos líderes religiosos ou da comunidade que frequentamos. Que Deus é esse que aponta o dedo em nossa cara e culpa-nos? Para mim, Deus é bom e justo, nunca cruel. Ele sabe que cometemos erros e somos repletos de defeitos, então para que se culpar tanto achando que Deus nos punirá? Você não precisa dar umas chibatadas em si mesmo achando que isso o livrará da culpa. É muito melhor e mais justo mudar, transformar-se, pedir desculpas a quem feriu e perdoar-se e não cometer os mesmos erros.

O sentimento de culpa pode te adoecer se você não se cuidar! Às vezes, é um sentimento muito forte e constante que te paralisa. Deixar para fazer depois o que se pode fazer agora, a chamada procrastinação, deixa-nos imóveis, sem forças e ficamos pessimistas falhando de novo ao tentar. Adiar as ações e criar situações de derrota dará origem a um círculo vicioso que trará novamente um sentimento de culpa. A depressão é algo importante a ser abordado porque a culpa vira algo fixo na cabeça da pessoa que está deprimida. Ela não consegue pensar em soluções. Há estudos que mostram que existe uma separação entre as regiões cerebrais de culpa e conhecimento de comportamentos esperados, levando as pessoas deprimidas a sentir culpa e nada mais. Viver no passado não permite novas possibilidades no futuro. Também há estudos que mostram que o excesso desse sentimento aumenta o peso, prejudicando a saúde.

Vamos a algumas ferramentas positivas para te livrar da culpa:

A arte do equilíbrio

- **Exercícios físicos:** libera endorfina, hormônio analgésico natural que alivia a dor e equilibra as emoções, além do lado positivo de sair de casa e encontrar novas pessoas.
- **Aprender com os erros:** errar é realmente humano e ajuda-nos a crescer. Aceite os seus erros, analise-os e corrija-se daqui para a frente.
- **Seja responsável pelos seus atos:** é fundamental assumir e se responsabilizar por suas ações, mesmo quando ruins, e a isso também chamamos de caráter. Pessoas sem caráter colocam sempre a culpa no outro. Também é libertador assumir suas falhas e erros porque você sai do lugar de vítima e assume as rédeas da sua vida.
- **Exercite o seu cérebro:** nossa mente nos sabota, tem a tendência de nos levar a ideias ruins e destruidoras. Quando vier à sua mente pensamentos negativos, você deve dizer: "Xô. Saia da minha mente". Aprenda a dominar a sua mente, assim dominará a sua vida. Pode até achar graça do que vai ajudar a mudar os pensamentos negativos para positivos. Diga: "eu posso, eu sou capaz"; "eu vou conseguir". Em vez de dizer que não vai pagar tal conta, diga: "quando vou pagar tal conta". Pense coisas boas. Sabemos que não é fácil, aliás, tudo é determinação. Sabemos que a nossa mente nos sabota, sempre vem algo negativo e pessimista para nos atormentar. A maioria das coisas que pensamos e imaginamos não é real, são fantasmas que a nossa mente produz. Nem tudo é pessoal, ou seja, o outro não falou com você porque pode estar pensando nos problemas dele; o seu chefe não te deu bom-dia porque pode estar num péssimo dia. Pare e pense: "Estou preocupado à toa e a atitude do outro não tem nada a ver comigo". É intenso entrar em contato com a nossa mente, mas, se você não começar, nunca irá dominá-la. Para correr uma maratona, é preciso começar andando pelo menos um quilômetro.

A arte do equilíbrio

Para deixar de se sentir culpado e relaxar, procure:

- **Aceitar os elogios**: sinta-se merecedor de elogios. Quando os receber, fique feliz e agradeça. Você merece tudo de bom. Acredite!
- **Focar a realidade**: saiba que o seu sentimento de autopiedade, de culpa e de vitimismo é fruto da sua cabeça, e não da realidade. Mude a percepção, assim, tudo terá um novo olhar para a vida.
- **Fazer algo relaxante**: saia do foco negativo fazendo algo que gosta, como pintar, ler, desenhar, escrever, jogar pingue-pongue, nadar, correr, caminhar, gritar, cozinhar, o que realmente te apetecer. Deixe sair de seu corpo os sentimentos ruins como a culpa e relaxe. Sugiro também terapia, leituras com referência ao tema e Constelação Familiar, que pode te ajudar a livrar-se da culpa.

A qualidade da intervenção depende da profundidade interior do interventor.
Bill O'Brien

Capítulo 11 - Integridade e Ética

Integridade

A palavra vem do latim *integritate*, que quer dizer "o fato de estar intacto, totalidade, integridade; o todo; solidez (de espírito), estado são; inocência, honestidade, probidade; castidade, virtude; pureza, correção (de linguagem)".[2]

> Integridade é sobre completude e inteireza. Integridade é viver com congruência com a visão de que, como participantes cocriativos no mundo em que vivemos, todos podemos contribuir com a transição para uma cultura sustentável, resiliente e próspera, saindo da confusão em que estamos, para além da sustentabilidade, indo na direção da prosperidade de toda a comunidade da vida.
> *Daniel Christian Wahl*

> Integridade é uma conduta que se caracteriza por uma congruência entre palavras e ações. É basear suas atitudes na plenitude moral. Lealdade é espontânea e leve, por se tratar de uma escolha pessoal. É manter a honra entre pensar, falar e agir.
> *Marcela Argollo*

---

2 MACHADO, José Pedro. *Dicionário Etimológico da Língua Portuguesa*. Lisboa: Editorial Confluência, 1956.

A arte do equilíbrio

A verdadeira integridade é fazer a coisa certa, sabendo que ninguém vai saber se você fez isso ou não.
Oprah Winfrey

A grandeza de um homem não está na quantidade de riqueza que ele adquire, mas em sua integridade e habilidade de afetar positivamente as pessoas ao redor.
Bob Marley

Vamos começar abordando a *accountability*, virtude moral, pilar da governança corporativa, segundo a qual somos todos um. Em uma das palestras de João Cordeiro – coach, orador e potenciador de talento – sobre o tema, ele coloca em reflexão a virtude. Não existe integridade onde não há virtude. Com foco em *accountability*, João fala de algo de suma importância sobre a evolução da responsabilidade pessoal, pois o contrário, segundo ele, é só desculpa. "Por que não vemos o lado do outro?".

João Cordeiro nos traz uma boa reflexão sobre os filósofos Aristóteles, Platão e Sócrates, a qual compara a filosofia *accountability*:

> Aristóteles (384-322 a.C.) foi aluno de Platão (427-347 a.C.), que por sua vez foi aluno de Sócrates (470-399 a.C.). Todo pensamento foi herdado por Sócrates. A diferença de Platão para Sócrates é que Platão empreendeu, escreveu livros e montou a Academia de Atenas, na qual um dos alunos foi Aristóteles. Se não tivesse aparecido Platão na vida de Sócrates, as suas ideias teriam sido perdidas. Aristóteles elaborou o seguinte pensamento sobre virtude: "O ser humano não nasce virtuoso. As virtudes precisam ser apresentadas a ele ou a ela. E são eles que decidem se

querem ou não incorporar. E uma vez incorporada tem que ser aprimorada até virar hábito". Para ele, quanto mais cedo fosse apresentada as virtudes, em casa, na escola, mais chance tinham as pessoas. Quanto a accountability, nós decidimos que queremos incorporá-la ou não, já que é um conjunto de mecanismos que permitem que os gestores de uma organização prestem contas e sejam responsabilizados pelo resultado de suas ações.

O termo *accountability* não tem uma tradução específica para o português, mas pode ser relacionado com **responsabilização, fiscalização** e **controle social**.

Freud também teve uma enorme contribuição. Ele mostrou-nos que a mente tem os níveis de consciência e inconsciência. Segundo Freud, nós nascemos com dez mecanismos de defesa, sendo um deles, a projeção. Projetamos nos outros os nossos medos, nossos anseios, nossas inseguranças, nossos desejos etc.

Depois de todos esses exemplos, definitivamente, precisamos ser **íntegros** conosco, com os nossos valores. Quantas vezes fazemos algo que fere a nossa integridade e os nossos valores.

Vamos recordar um pouco sobre a atitude sem ética, sem integridade e sem caráter de um personagem bíblico, Adão, em Gênesis, capítulo 3: 8-12:

> 8 Ouvindo o homem e sua mulher os passos do Senhor Deus, que andava pelo jardim quando soprava a brisa do dia, esconderam-se da presença do Senhor Deus entre as árvores do jardim.
> 9 Mas o Senhor Deus chamou o homem, perguntando: "Onde está você?"
> 10 E ele respondeu: "Ouvi teus passos no jardim e fiquei com

> medo, porque estava nu; por isso me escondi".
> 11 E Deus perguntou: "Quem disse que você estava nu? Você comeu do fruto da árvore da qual o proibi de comer?"
> 12 Disse o homem: "Foi a mulher que me deste por companheira que me deu do fruto da árvore, e eu comi".

Que coisa feia, senhor Adão, colocar a culpa na Eva e em Deus por ter dado a mulher a ele. Assumir o que se faz é uma virtude e demonstra integridade. Adão teve uma postura lastimável.

Integridade é uma conduta que se caracteriza por uma integração das ações e das palavras. Quando afirmamos que uma pessoa é íntegra, geralmente é por causa de seu comportamento ético e honesto. Pessoas íntegras falam o que fazem, e vice-versa. A honra é mantida com clareza. Discurso e falas são extremamente éticos. A integridade está ligada à ética e a ética é trazer a ação para si.

> Uma fonte de direção que fornece ordenação, assim como energia organizadora, convida todos a alcançar um nível diferente de desempenho e um nível diferente de existência. Gandhi ofereceu um grande exemplo desse tipo de direção quando disse: "Seja a mudança que você deseja no mundo". Que diferença haveria no mundo se todos que estão trabalhando pela mudança tivessem realmente usando isso como uma fonte de direção.[3]

Às vezes, ouvimos sobre o outro: "Nossa, que pessoa responsável. Como ela é dedicada e sempre cumpre com o que propõe a fazer". Esse é um exemplo de pessoa íntegra que facilita o convívio em sociedade. Algo importante a

---

3 Regenesis Group. The Regenerative Practitioner – distance-learning Seminar Serie, 2017.

ser dito é que não existem pessoas meio íntegras, ou se é íntegro ou não. O mesmo vale para o caráter: ou se tem caráter ou não.

Existem tipos de integridade, as quais destacamos a seguir:

- **Integridade física** – É aquela que envolve o corpo, a saúde e a qualidade de vida de uma pessoa. Um exemplo de uma ocasião em que ela é afetada é pelo abuso físico. Uma pessoa íntegra jamais vai machucar alguém, mesmo porque nem consegue agredir.
- **Integridade moral** – Pode ser afetada quando uma pessoa sente-se ofendida em sua moral ou dignidade. Insultar alguém ou expô-la a humilhações públicas causa danos morais que podem ter consequências penais e/ou psicológicas graves irreversíveis.
- **Integridade pessoal** – Engloba as integridades física e moral. Ocorre quando uma pessoa é torturada ou agredida, o que a coloca em risco. Qualquer tratamento desumano e cruel atinge a integridade de uma pessoa.
- **Integridade intelectual** – Devemos ter autonomia para falar e agir de acordo com a nossa ética. Quando isso é censurado, a integridade intelectual de uma pessoa é prejudicada. Temos que ser livres para darmos a nossa opinião e nos expressar.
- **Integridade de dados** – Essa integridade fica comprometida quando a segurança de uma empresa ou pessoa é atingida por informações não autorizadas divulgadas na internet. A proteção de dados pessoais é um direito de todos os cidadãos.
- **Integridade social** – Preservar a integridade social é extremamente importante para o convívio em sociedade. Quando ela é violada, causa injustiça e transtorno a todos os envolvidos. Por isso, é fundamental pensar nos outros antes de praticar atos irresponsáveis.

A arte do equilíbrio

Ética

Segundo o professor José Roberto Goldim, a palavra "ética" é grega, com duas origens possíveis: a primeira é da palavra *éthos*, com "e" curto, que pode ser traduzida por "costume", a segunda também se escreve *éthos*, porém com "e" longo e que significa "propriedade do caráter". A primeira é a que serviu de base para a tradução latina de *moral*, enquanto que a segunda é a que, de alguma forma, orienta a utilização atual que damos à palavra "ética".

> Chamamos de ética o conjunto de coisas que as pessoas fazem quando todos estão olhando. O conjunto de coisas que as pessoas fazem quando ninguém está olhando chama de caráter.
> *Oscar Wilde*

> A moral e a ética são duas invenções humanas que dependem muito do espaço geográfico que você ocupa.
> *Augusto Branco*

> Ética é o conjunto de valores e princípios que nós usamos para decidir as três grandes questões da vida: "Quero?", "Devo?", "Posso?".
> *Mario Sergio Cortella*

> Tem coisa que eu quero mas não devo, tem coisa que eu devo mas não posso e tem coisa que eu posso mas não quero.
> *Mario Sergio Cortella*

A base de uma pessoa com ética é não fazer coisas que não gostaria que fizessem a ela. Se eu digo que roubar é errado, mas roubo mesmo que seja um alfinete, ajo sem ética e sem caráter. Agir com ética é algo natural nas pessoas que as têm. O termo "**ética**" está correlacionado a caráter, ao modo de ser de uma pessoa.

"Ética" pode ser definida como o conjunto de valores morais e princípios que determinam a conduta humana dentro da sociedade, e ela está relacionada com justiça social. Se não a tivéssemos, todos viveriam sem equilíbrio e nenhum funcionamento social. Imaginem cada um fazer o que lhe apetecer. As pessoas sem ética vivem de acordo com as suas próprias regras, sem pensar no mal que podem fazer às outras pessoas.

A ética de um país nem sempre vale para outro país. Cada sociedade cria os seus próprios códigos de ética. No Brasil, por exemplo, desrespeitar o transeunte quando ele está na faixa de pedestre querendo atravessar a rua é algo comum. Na Europa, a pessoa coloca o pé na faixa e todos os carros param, muitas vezes, até quando o farol está aberto para o motorista ultrapassar. No Brasil, a falta de educação de grande parte do povo acaba estabelecendo éticas enraizadas de difíceis mudanças, sendo que, em outros países, onde a educação é a base, há uma maior civilidade entre as pessoas.

Capítulo 12 - Intuição

A palavra "intuição" vem do latim *intuitio* – "um olhar, uma consideração" –, de *intuitus*, particípio passado de *intueri* – "olhar para, considerar, avaliar" –, de *in*, aqui como "para, sobre", mais *tueri*, "olhar, vigiar".

> Intuição é desacelerar da vida corrida que nos consome e começar a prestar mais atenção aos detalhes e absorver informações importantes que muitas vezes poderiam passar despercebidos. Para isso é preciso usar algumas técnicas para acalmar a mente e ouvir mais o coração.
> **Marcela Argollo**

> *The best vision is insight* (tradução livre: "A melhor visão é a intuição")
> **Thomas Edison**

> Todo o conhecimento humano começou com intuições, passou daí aos conceitos e terminou com ideias.
> **Immanuel Kant**

> A razão pode advertir-nos do que é preciso evitar; só a intuição nos diz o que há que fazer.
> **Joseph Joubert**

A intuição é um tema complexo mesmo quando sabemos o que o gênio Albert Einstein pensava sobre o assunto: "Eu acredito na intuição e na inspiração". Incrível, não é? Para Einstein, a intuição era a única percepção verdadeiramente importante.

Vale refletirmos sobre esse assunto porque existe a verdadeira intuição, mas também aquela com a qual damos desculpas para não realizar as coisas. Quando são usados de forma errada para justificar algo que não queremos fazer, os símbolos podem ser indicação de preguiça ou desculpa esfarrapada para não fazer o que deve ser feito. Devemos olhar com sinceridade para os sinais da vida e entender a sincronicidades dos acontecimentos, pois a vida acontece o tempo inteiro com vários fatos simbólicos.

Lúcia Helena Galvão Maya, professora de filosofia, integrante da organização Nova Acrópole no Brasil, em uma de suas palestras, conta um fato que exemplifica bem a forma equivocada de se usar os sinais que a vida nos dá. "Eu tive muitos anos atrás um aluno que explica bem a experiência de aproveitar um sinal para fazer o que se quer e não o que deveria ter sido feito. Um jovem aluno meu, que tinha dificuldade de se colocar no mercado de trabalho e ainda vivia com os pais, um dia me disse: 'Eu recebi uma proposta de emprego'. Eu fiquei muito feliz e disse: 'Nossa, que maravilha!' Ele respondeu: 'Não, mas eu recusei'. 'Recusou por quê?' 'Porque eu fui para a janela observar o que a vida me dizia, aí veio um conjunto de borboletas amarelas e como a borboleta é símbolo de liberdade, entendi que não era para eu aceitar o emprego'. Eu fiz aquele sorriso de paisagem que a gente tem que fazer, mas dentro de mim surgiu uma única frase: preguiçoso cara de pau". Para Lúcia Helena, usar um símbolo para justificar a sua zona de conforto está longe de ser intuição de si mesmo ou que a vida lhe proporcionou.

Segundo a psicologia, a intuição é um conhecimento inconsciente que se manifesta no ser humano e que o ajuda a tomar uma decisão sobre alguma situação, indo além da limitação do consciente e da mente racional.

A arte do equilíbrio

A intuição é uma forma de sabedoria da alma a se descobrir com o tempo. Quantas e quantas vezes sentimos que não devemos fazer algo ou que devemos fazer. Parece que "alguém" sopra-nos a coragem ou o discernimento para fazer ou não alguma coisa. A ciência até hoje estuda a intuição. Devemos ou não segui-la? Por vezes, dizemos: "Por que fui fazer isso, eu devia ter seguido a minha intuição" ou "Ainda bem que segui a minha intuição, pois eu ia me machucar".

Pessoas sensíveis e profundas tendem a seguir mais a sua intuição e até dar conselhos aos outros porque sentem que algo vai mal não só para si mesmas, mas para os outros também. De tudo o que não é palpável e não vemos, temos a tendência de desconfiar. E Deus? Ninguém o vê, mas o sentimos e dizemos sempre: "Deus me protegeu"; "Deus cuida de mim, por isso, o pior não aconteceu"; "Deus salvou-me do pior". Já ouvimos histórias de pessoas que desistiram de viajar e o avião caiu. A frase sempre dita: "Segui minha intuição. Algo dizia para eu não entrar naquele avião ou Deus me libertou de morrer. Foi um livramento". Mas por que tantos morreram e essa pessoa não? O que ela tem de melhor que os outros para continuar vivendo?

Acredito que, com o tempo, vamos aprimorando a nossa intuição. Quando conhecemos novas pessoas, muitas vezes, sentimo-nos mal diante delas. O nosso "radar" grita algo, mas com medo de julgarmos o outro, continuamos a relação. Ao passar o tempo, temos uma grande decepção, ficamos frustrados e com sentimento de tempo perdido. Esse é um jeito de olhar, mas o melhor jeito de analisar essa situação é pensar que aprendemos, que todas as vezes que a nossa intuição manifestar-se temos que acreditar nela e prestar mais atenção. Por vezes ainda a nossa intuição parece brincar conosco, pois conhecemos pessoas que adoramos e depois nos decepcionam. Nesses casos vem sempre a pergunta: "Como não percebi que essa pessoa não era aquilo que aparentava?". Pare e pense profundamente se em algum momento sentiu que ia decepcionar-se, mas não quis ver. A carência, a falta de autoestima camuflam muito a nossa intuição. Vamos sempre ao lugar errado para nos machucar mais uma vez. Então, quanto mais nos conhecemos, mais a intuição será uma aliada no caminho.

No mundo corporativo, se um diretor tomar uma decisão e afirmar que a sua base foi a intuição, a maioria olhará com desconfiança e incredulidade. No mundo ocidental, pensamos que as decisões devem ser racionais e bem estudadas e nunca a partir de uma intuição, que pode ser confundida com religião, pensamento primitivo e até místico. O pensamento analítico e científico é cada vez mais valorizado desde a última década. Abrir a mente para unir o analítico com o irracional pode dar-nos ferramentas para o sucesso. A sociedade impõe-nos até o jeito de pensar e de decidir. Será que grandes nomes da história não focaram a intuição para a tomada de decisões que transformaram toda uma história. As ideias são intuitivas e, às vezes, algo mais forte diz para a pessoa seguir em frente em sua criação.

Tanto o instinto como a intuição são resultado de elaboração do cérebro, o qual é uma máquina de previsões. Os cientistas chamam de estrutura do processamento preditivo – relacionado com predição, com a ação de afirmar antecipadamente o que poderá ocorrer num momento futuro. Existem pesquisas que comprovam a efetividade da intuição. Segundo uma pesquisa da University of New South Wales, descobriu-se que o inconsciente pode informar e aprimorar as decisões. Um grupo de pessoas foi exposta a imagens sem nenhum detalhe e com teor emocional inconsciente.

Elas precisavam tomar decisões diante das imagens que apareciam. O resultado foi incrível, independente de os participantes não terem consciência do que viam nas figuras. Joel Pearson, um dos pesquisadores, afirma que é possível apoiar-se nas informações do inconsciente que vêm do cérebro e do corpo. Ao contrário do que muita gente acredita, a intuição ajuda-nos a viver melhor, a tomar decisões mais rápidas, confiantes e assertivas.

Capítulo 13 - Integração

É um substantivo feminino com origem no latim *integrare*, que significa "o ato ou efeito de integrar" ou "tornar inteiro". Integração é também sinônimo de assimilação e reunião.

> É nos olharmos como parte de um todo! É transformar a soma das partes em um todo e compreender que cada ação isolada reverbera em uma reação coletiva. Exercemos mais a parceria e colaboração ao próximo. Através de respeito e uma comunicação efetiva.
> *Marcela Argollo*

> A maior habilidade de um líder é desenvolver habilidades extraordinárias em pessoas comuns.
> *Abraham Lincoln*

> Nenhum de nós, inclusive eu, jamais fez grandes coisas. Mas todos nós podemos fazer pequenas coisas, com muito amor, e juntos podemos fazer algo maravilhoso.
> *Madre Teresa*

> Eu sou parte de uma equipe. Então, quando venço, não sou eu apenas quem vence. De certa forma, termino o trabalho de um grupo grande de pessoas.
> *Ayrton Senna*

Integração é saber que se faz parte de um sistema e, o mais importante, saber qual o nosso papel naquele sistema.

A arte do equilíbrio

O ser humano sem integração não é ser humano. Somos todos únicos, mas juntos fazemos parte da integração do bem comum humano. As crianças, desde muito cedo, aprendem a conviver em harmonia com o diferente. Um aluno com boa integração no espaço escolar, tanto nos relacionamentos como na aprendizagem, com certeza terá mais êxito. É importante, desde cedo, realizar trabalhos em equipe, aprender a ouvir opiniões divergentes, novas ideias e aprender a argumentar.

Quando começamos um novo trabalho em uma empresa e sentimo-nos acolhidos pelo grupo, temos mais ânimo e alegria na realização das tarefas que temos que executar. Acho muito interessante e necessário empresas que organizam retiros ou mesmo eventos de "Team Building", nos quais os colaboradores fortalecem os laços uns com os outros. Sentir-se integrado faz toda a diferença na vida de uma pessoa que luta pelo seu espaço sem prejudicar o espaço do outro.

Onboarding refere-se à integração de novos colaboradores em uma organização. Para essa integração ser mais eficiente, é muito importante a equipe dar apoio para que os novos membros se sintam parte da equipe. Uma das formas para melhoria na integração é o treinamento corporativo, a apresentação aos colaboradores antigos que demonstrem alegria em ter um novo membro na organização, além de escolher alguém para apresentar todos os setores da empresa.

Capítulo 14 - Netweaving e Networking

Netweaving – gentileza gera gentileza

É tecer uma rede de contatos com a finalidade de servir, compartilhar e colaborar sem esperar nada em troca, com a fé e a convicção de que ao longo do tempo o que fazemos retorna para nós (lei da atração e lei da sincronicidade). Dessa maneira, conseguimos nutrir relações muito mais verdadeiras. Dentro das empresas, a implementação do *netweaving* na cultura organizacional traz uma relação muito mais harmoniosa, transparente, segura, leve e saudável, sendo isso palco para que o colaborador possa exercer sua melhor versão.

> É melhor ter companhia do que estar sozinho, porque maior é a recompensa do trabalho de duas pessoas. Se um cair, o amigo pode ajudá-lo a levantar-se. Mas pobre do homem que cai e não tem quem o ajude a levantar-se!
> *Eclesiastes 4:9-10*

> É fazer o bem sem olhar a quem ou oferecer algo bom ao outro sem esperar nada em troca. O principal objetivo do *netweaving* é fomentar relacionamentos altruístas e promover o real sentido de bem-estar e felicidade.
> *Marcela Argollo*

> O *self-made man* não existe. Somos o resultado de milhares de outras pessoas: quem praticou uma boa ação em nosso

A arte do equilíbrio

favor, ou quem nos deu palavras de encorajamento, quem participou na formação da nossa personalidade e dos nossos pensamentos, bem como do nosso sucesso.
George Burton Adams

Para entender, vamos por partes: *net* significa "rede", enquanto *weave* quer dizer "tecer ou entrelaçar". Essa junção é chamada de "evolução do *networking*". *Netweaving* defende que os seres humanos são capazes de criar laços verdadeiros, e não laços com interesses materiais efêmeros.

Netweaving é um termo que tem foco na abordagem colaborativa para *networking*, com o objetivo de construir bons relacionamentos. Bob Littell desenvolveu esse conceito com a ideia de promover conexões significativas entre pessoas que terão melhores resultados que os alcançados no "networking" tradicional.

Em oposição ao *networking* convencional, que, na maioria das vezes, se concentra na individualidade de cada pessoa e no que ela pode conquistar, o *netweaving* busca promover a colaboração, oportunidades, informações, além do compartilhamento de recursos para todos de forma igualitária.

O objetivo é construir uma autêntica e benéfica rede de relacionamentos, com a qual se realiza conexões genuínas com interesse em se ajudar, mas acima de tudo ajudar os outros.

O *netweaving* enfatiza a importância de se criar uma teia que supra as necessidades e os objetivos das pessoas dentro de sua rede de relacionamentos, buscando formas de apoiá-las. O foco é unir pessoas com habilidades complementares, propiciando a troca de recursos e conhecimentos ou possibilitando referências e recomendações para novas oportunidades profissionais. Dessa forma, as comunidades se beneficiam, e não apenas as pessoas individualmente.

O *netweaving* é uma forma colaborativa para *networking* na construção de benéficos relacionamentos, com o objetivo implícito de criar benefícios para todos os envolvidos, pois se baseia na ideia de ajudar e apoiar uns aos outros, trocando experiências através de oportunidades e bons recursos.

É fundamental o *netweaving* para crescermos profissionalmente em um ambiente em que queremos evoluir, encontrando pessoas que pensam da mesma forma, nos apoiam e assim encontramos o nosso lugar de pertencimento, nosso hábitat para ser quem queremos ser, tendo apoio para crescer. É gratificante quando encontramos nossa tribo e deixamos de ser um peixe fora d'água, um patinho feio e isolado, pois conhecemos pessoas com questões correlatas, que dividem as mesmas angústias e, assim, por identificação, trocamos experiências e crescemos juntos, em equipe.

Todos nós precisamos uns dos outros. Não existe mais a possibilidade de caminhar sozinho, como se fosse a última bolacha do pacote. Quem não se conscientizar de que relacionamento é tudo vai ficar para trás. O aprendizado diário é aprender a trocar nas relações humanas virtuais. Podemos criar uma rede de apoio gigantesca e ajudar pessoas do mundo inteiro. Resumo *netweaving* em uma frase: "Ajudar o próximo sem querer nada em troca".

Robert S. Littell, desenvolvedor do conceito *netweaving*, da Netweaving Internacional, focou em somar esforços para verdadeiramente ajudar os outros e, assim, conquistar mais clientes de forma duradoura. Um tempo atrás, pensávamos mais em quantidade de clientes e esse equivocado comportamento fazia clientes se afastarem. Atualmente, diversas pesquisas apontam que aprender a usar as redes profissionais propicia mais oportunidades de negócios, trabalho e de projetos.

Então, abra a cabeça e mãos à obra para criar uma lista fundamental de relacionamentos pessoais, profissionais e acadêmicos. As relações humanas são mais importantes que as materiais, são elas que ficam e evoluem. Nas redes sociais, você deve procurar pessoas que procuram o que você tem a oferecer, buscar diálogos interessantes e pessoas com interesses genuínos de aprender. Com o tempo, você poderá se surpreender com boas novas amizades que poderão durar uma vida inteira.

Robert S. Littell desenvolveu dois elementos poderosos do *netweaving*:

1. Aprenda a se tornar um verdadeiro Conector Estratégico de outros – unindo as pessoas em relacionamentos ganha-ganha – sem pensar em ser monetizado por isso.
2. Aprenda a se posicionar como um Recurso Estratégico para os outros – isso significa que você será o provedor ou fornecedor de fontes e contatos de sua rede de relacionamento, dentro das solicitações nesse ecossistema.

Networking

Com origem na língua inglesa, *networking* significa criar uma rede de contatos que propicia relacionamentos de colaboração mútua entre diversos profissionais, com demais objetivos, como amizade, negócios, cursos, acordos comerciais, ou mesmo criar oportunidades no mercado de trabalho. Muitas pessoas ainda acreditam ser uma fonte de relações falsas, mas tudo depende de como você usa essa ferramenta. O que você busca? Busca se dar bem apenas? Ou aumentar o seu círculo de pessoas interessantes com as quais pode trocar experiências, aprendizado e informações preciosas. O que acha de desarmar-se e aproveitar os benefícios da internet para crescer e evoluir como pessoa?

Ter uma rede de pessoas com propósitos em comum, que trocam informações e conhecimentos entre si, é muito importante para nosso crescimento profissional. Ter mentores e pessoas nas quais nos espelhamos e com quem podemos aprender é o caminho mais rápido para conquistar novos desafios.

Capítulo 15 - Hábitos

A palavra vem do latim *habitus* – "condição, aparência, vestimenta, comportamento"–, particípio passado de *habere* – "ter, segurar, possuir".

> A pessoa que não tenha inserido em seus hábitos a ética, a disciplina, o foco e a força de vontade, terá um final de vida sem virtudes e dignidade.
> *Marcela Argollo*

> Você é o conjunto de seus hábitos. Portanto, se quer mudar e melhorar ao longo da vida, terá que adicionar novos e bons hábitos para que isso aconteça.
> *Marcela Argollo*

> Com os princípios quer-se tiranizar os hábitos, ou justificá-los ou honrá-los ou injuriá-los ou escondê-los: dois homens com princípios iguais querem, verossimilmente, atingir com eles algo de fundamentalmente diferente.
> *Friedrich Nietzsche*

> Aquele que não consegue compartilhar seus próprios hábitos deveria abandoná-los.
> *Stephen King*

Um hábito desencadeia outro e essa corrente, quando cria bons hábitos, desencadeia bons frutos e ótimos resultados. Acabamos tendo disciplina em repeti-los.

A arte do equilíbrio

Os hábitos são comportamentos que realizamos regularmente, como os físicos, por exemplo, escovar os dentes três vezes ao dia, fazer exercícios físicos, beber um copo de vinho ao jantar, tomar banho sempre no mesmo horário etc. Os hábitos mentais são voltados à mente, como fazer meditação, ter disciplina diariamente em suas atividades, relaxar a mente e respeitar o seu limite. Os hábitos sociais são muito importantes, e muitas pessoas não abrem mão deles, como visitar os pais nos fins de semana, jantar com a família todos os dias, ler para os filhos antes de eles dormirem, e outros que trazem boas relações sociais. O que você acha de criar hábitos afetivos como dizer às pessoas que são importantes para você o quanto gosta delas, dizer "eu te amo" e não deixar para dizer só quando não mais podemos. Abraçar sempre que alguém precisar do seu abraço, fazer as pessoas sorrirem e ser gentil mesmo com aqueles que não são com você. Gentileza gera gentileza. Não podemos deixar de citar os hábitos recreativos, que são excelentes para desanuviar a cabeça. Que tal todos os dias fazer algo que lhe dá prazer, como ler um livro, assistir a uma série ou a um filme, jogar videogame com o(a) seu/sua filho(a) depois que fizerem o dever de casa? Use a imaginação para relaxar e distanciar-se dos problemas do dia a dia.

Podemos considerar hábito qualquer ação repetida automaticamente dentro da rotina diária. Não confunda hábitos com vícios, pois uma pessoa pode ter o hábito de fumar um maço de cigarro por dia em determinadas horas, o que é prejudicial à sua saúde, e, nesse caso, também chamamos de vício. Infelizmente, há hábitos maléficos à saúde e é sabido que é mais difícil desconstruir um hábito ruim do que criá-lo.

Como temos consciência disso, podemos daqui para a frente criar hábitos benéficos à nossa saúde e à de nossa família. Após dois meses seguidos, consegue-se criar novos hábitos, então é possível substituirmos os ruins pelos saudáveis, como preparar alimentos benéficos à saúde, beber bastante água, cumprimentar as pessoas com respeito, ouvir os outros com atenção, acordar e dar um belo sorriso, cuidar de plantas, ligar para os amigos para perguntar se estão bem e se precisam de alguma coisa, dizer o que sentimos e diversas outras coisas que com certeza só melhorarão a nossa vida. Como disse o filósofo grego Pitágoras: "Eduquem as crianças para que não seja necessário punir os adultos". Os hábitos bons são importantes para a formação do caráter de uma criança. O exemplo dos pais em seus hábitos também contribui para que os filhos os repitam durante a vida.

Capítulo 16 – Harmonia

A palavra vem do latim *harmonia*, do grego *harmonia* – "ajuste, combinação, concordância de sons, literalmente meios de encaixar, de combinar" –, de *harmos* – "articulação do corpo, ombro", de uma raiz indo-europeia *ar-* – "encaixar, articular".

> É a combinação dos pilares da vida de maneira organizada que geram uma vida equilibrada. É saber girar os diversos "pratinhos" da nossa vida de maneira que nenhum pare de rodar ou que algum esteja rodando mais rápido em detrimento do outro.
> *Marcela Argollo*

> A maravilhosa disposição e harmonia do universo só pode ter tido origem segundo o plano de um Ser que tudo sabe e tudo pode. Isso fica sendo a minha última e mais elevada descoberta.
> *Isaac Newton*

> No meio da confusão, encontre a simplicidade. A partir da discórdia, encontre a harmonia. No meio da dificuldade reside a oportunidade.
> **John Archibald Wheeler** (The Outsider. *Newsweek*, Nova York, v. 93, n. 11, p. 67, 12 mar. 1979)[4]

---

4 Nota – Este pensamento costuma ser atribuído a Albert Einstein, mas, na verdade, foi escrito pelo físico estadunidense John Archibald Wheeler em uma matéria sobre Einstein na revista *Newsweek*. Na citação, Wheeler resume algumas das ideias de Einstein.

A arte do equilíbrio

Viver em harmonia é um dos propósitos de uma vida emocional saudável. Um casamento que tem harmonia segue em paz e com crescimento mútuo. Qualquer ambiente desarmônico traz angústia e desânimo.

Não é fácil conquistar a harmonia porque nem sempre estamos em harmonia conosco mesmo. Quantas vezes acordamos em um ritmo acelerado ou cansado sem vontade de nada, nem de levantar da cama? O equilíbrio fundamental para termos paz nem sempre é conseguido. A vida é complexa e cheia de acontecimentos. São raros os dias em que tudo vai bem. Seria o paraíso estar feliz no relacionamento amoroso, no trabalho, com os familiares, com os amigos e com a saúde, mas os imprevistos acontecem todos os dias.

Então será que harmonia não é algo que nasce e equilibra-se dentro de nós independente de o mundo estar desabando? Vou ensinar dicas valiosas para você ter mais harmonia, paz de espírito, felicidade e tranquilidade. Veja a seguir:

- **Aprenda a comunicar-se com as pessoas** – Para isso, é importante ter uma comunicação generativa. É preciso saber ter uma escuta ativa, de coração aberto sem julgamentos, para poder ouvir completamente o que o outro tem a lhe dizer e não apenas ter ansiedade para responder sem ouvir com o coração e compaixão. Já ouviu dizer que boa comunicação é tudo? Pois é! Como dizia o famoso José Abelardo Barbosa (1917-1988), conhecido como Chacrinha: "Quem não se comunica se trumbica". Conseguir passar a informação que se deseja é tudo. Uma má comunicação faz a pessoa perder o emprego, um projeto, uma amizade e até um relacionamento. Mesmo quando estiver triste ou magoado, trate as pessoas bem, pois elas não têm culpa de seus problemas. Leia muito, a leitura ajuda a ampliar o seu vocabulário e aumenta o seu conhecimento para ter bons argumentos.

- **Tratar bem as pessoas e ensiná-las como devem tratá-lo** – Quando uma pessoa sai de casa levando para a rua, para o trabalho, para a academia ou para qualquer lugar suas mágoas, sua raiva e sua insatisfação pela vida, com certeza criará desarmonias e desafetos para onde for. Lembra que eu disse que harmonia está dentro de nós mesmos? Estou certa disso. Tente sorrir para as pessoas, conversar e dar o seu apoio mesmo que esteja dilacerado, pois irá sentir uma paz no coração e voltará para casa cheia de amor. Agora, se fizer o contrário, perceberá que voltará para casa mais amargurado e triste. É só colocar-se no lugar do outro. Você gostaria de ser maltratado? Gostaria que as pessoas o desrespeitassem? Então, pense nisso. Mostre para os outros como quer ser tratado. Experimente!
- **Opte sempre pelo diálogo** – Eu afirmo veementemente que a maioria dos desentendimentos são equivocados. Nem sempre as coisas são como parecem, e o diálogo é a opção certa para resolver as questões diversas. Com uma boa conversa, pode-se esclarecer tudo. Então converse, diga o que sente, ouça o que o outro tem a dizer. Faça isso pela sua harmonia interna. É tão bom quando entendemos que aquele mal que pensamos sobre o outro ou o outro sobre nós esvai-se.
- **Gratidão gera harmonia** – Ao acordar, sorria e agradeça por estar vivo, por ter a oportunidade de experimentar a vida mais um dia, de conhecer o novo. Agradeça até as coisas ruins que acontecem, o agradecimento é a oportunidade de aprender, de

evoluir, de crescer como ser humano. Ser grato é ser poderoso, é unir-se às pessoas e demonstrar o quanto importa-se com elas.

- **A sinceridade que elogia** – Você gosta de receber elogios? Quem não gosta, não é! É óbvio que não podemos sair por aí elogiando a todos. Esse comportamento nem seria sincero. Elogiar é um ato verdadeiro e de coragem. Pessoas mesquinhas só criticam e colocam os outros para baixo. Uma palavra pode destruir uma pessoa, deixá-la triste e sem energia. Então, em vez de dizer algo que destrói o colega, fique quieto. Elogie quando alguém fizer algo bom, dê um abraço forte e diga coisas construtivas. A harmonia reinará com essa atitude.

- **Peça e ofereça a sua ajuda** – Orgulho é algo destrutivo na maioria das vezes. Pessoas orgulhosas perdem tempo e têm algo mais para machucar a si próprias. É harmônico e libertador dizer: "Eu preciso da sua ajuda. Ajude-me por favor". Quando vir alguém com dificuldade em alguma coisa, ofereça a sua ajuda, seja no trabalho, para os amigos, a família e até para pessoas que você não conhece.

- **Respeite a sua essência** – Ser quem a gente é na essência é o que faz com que as pessoas nos respeitem e nos acolham melhor. Viver em harmonia não quer dizer abaixar a cabeça para todos, mas sim aprender a impor-se e não se violentar. Fazer coisas que te angustiam só para agradar ao outro não te trará harmonia, mas sim tristeza e um caminho perdido à frente. Ser autêntico, genuíno abre mais portas para ser uma pessoa que se encaixa no todo. Pense nisso!

Capítulo 17 – Hobbies

A palavra vem do termo inglês *hobby*, que, no século XVI, era "*hobyn*", referente a um "pequeno cavalo" ou "pônei". Mais tarde, virou a expressão *hobby horse*, que era usada para nomear um cavalo feito de madeira usado para a diversão de crianças. Atualmente, o termo passou a ter o seu significado ligado a lazer, que quer dizer passatempo.

> Fazer o que genuinamente nós gostamos faz com que tenhamos uma vida mais feliz, produtora, leve e com liberação de hormônios, como serotonina, endorfina, oxitocina e endorfina. Apreciar a arte como um dos nossos hobbies é uma ótima maneira para desenvolvermos sentimentos, pois é através da arte que acessamos estados mais elevados de desenvolvimento.
>
> *Marcela Argollo*

Quem não gosta de fazer o que gosta sem compromisso, sem ter que dar satisfações a ninguém, nem cumprir regras, horários e espaços obrigatórios? Hobby é mais ou menos isso. Por que digo mais ou menos, porque se o seu hobby for ir ao cinema, ao teatro, a exposições ou concertos, por exemplo, você não poderá chegar na hora que quiser, nem falar alto, fazer ligações ao celular etc. Quando você participa de um hobby coletivo, precisa respeitar as regras do grupo. Agora, se o seu hobby for ler um livro, tocar piano, pintar ou dançar na sua casa, claro que terá mais liberdade. Mesmo assim, escutar música muito alto pode incomodar os vizinhos. Vivemos em sociedade e é preciso lembrar que temos que pensar no bem-estar do outro o tempo todo, e não só no nosso.

O seu hobby pode trazer ao mundo amor e paixão, como um trabalho, tornando-se um propósito para certas pessoas e uma fonte de renda. Você já parou para pensar que o seu hobby pode vir a ser o seu ganha-pão?

Quantas e quantas pessoas são infelizes naquilo que trabalham, normalmente acordam desanimadas, sem energia e, no tempo de lazer, dedicam-se a algo que amam e fazem com maestria. Uma amiga minha, por exemplo, pintava quadros de vez em quando como hobby e começou a postar nas redes sociais suas obras, de repente, comentários elogiosos começaram a aparecer e pessoas procuraram-na querendo comprar seus quadros. Atualmente, ela está participando de feiras de arte e as encomendas não param de aparecer.

O seu hobby pode ser o seu sucesso. Então por que não transformar o seu hobby em sua atividade remunerada? Muitas pessoas que amam cozinhar estão conquistando espaço nas redes sociais, como também acabam sendo conhecidas no mundo todo através da internet e criam oportunidades que vão além do país em que habitam. Muitos vivem do sucesso virtual, das mais diversas ocasiões criativas, ou de outras oportunidades que você mesmo pode criar. Nós podemos e devemos criar nossas oportunidades, não só esperar que um dia elas aconteçam.

Temos a tendência de diminuir o nosso hobby, deixando-o realmente como passatempo, para quando não temos nada para fazer. Mesmo que você não abra mão de seu trabalho e o seu hobby está no lugar de descanso, você deve aproveitá-lo intensamente. Através dele surgirão pessoas interessantes, momentos inesquecíveis e a sua rede de *networking* se ampliará. Definitivamente, o hobby é muito importante em nossa vida, além de aliviar o estresse e diminuir a ansiedade. Outra observação fundamental é que o hobby melhora muito a autoconfiança e a autoestima, além de contribuir para sermos persistentes e incansáveis ao realizarmos algo que nos dá prazer. Quando é um hobby coletivo, acabamos por ajudar e incentivar o próximo.

Na Grécia Antiga, onde os hobbies surgiram, geralmente o entretenimento resumia-se a música, corrida e luta, mas, neste século XXI, temos diversas formas de vivenciá-los. Não fique preso ao que tem certeza que gosta de fazer no tempo livre, arrisque-se, conheça outras formas de vivenciar as horas livres. Se gosta de pintar, mas tem medo, tente, compre uma tela, comece, mesmo que saia horrível. Ria de si mesmo. Se adora ouvir música clássica e se arrepende de nunca ter estudado um instrumento musical, inscreva-se numa escola e descubra em qual tem mais talento. Sonha em escalar uma montanha, saltar de asa-delta, jogar tênis, esquiar, então vá fazer isso, o que está esperando? Quem sabe mudará o caminho e será mais feliz!

Alguns hobbies são estudados por cientistas porque têm o poder de ajudar as pessoas em suas criatividades. Alguns desses hobbies estão ao alcance da maioria de nós, veja:

- **Caminhada** – Ajuda não só na melhora da saúde, mas também do humor e da criatividade. Pesquisadores da Stanford University, por meio de um experimento, descobriram que pessoas que têm como hábito caminhar têm a capacidade de ter ideiais bem originais.
- **Tocar um instrumento musical e ouvir música** – Em 2012, o *Journal of Neuroscience* publicou um estudo que afirma que os benefícios trazidos pela arte são maiores naqueles que tocam instrumentos, pois têm

o poder de aumentar o corpo caloso do cérebro. Isso explica a maior capacidade de resolver problemas pelo fato de essa prática ligar dois hemisférios. Mas, se você não tem o objetivo de aprender a tocar um instrumento, aproveite para ouvir músicas e apreciá-las. Cientistas da University of Birmingham, no Reino Unido, afirmam que escutar música colabora com o rendimento em diversas atividades. Como dizia o maravilhoso filósofo Friedrich Nietzsche: "Sem música, a vida seria um erro". Com certeza, seria.

- **Pintura** – Não importa se você pinta com objetivo profissional ou apenas um hobby. Saiba que praticar pintura, escultura, desenho ajuda muito na saúde mental e no bem-estar em geral de jovens, adultos e crianças. Segundo a Organização Mundial da Saúde (OMS), a arte em geral é tão benéfica que auxilia no tratamento de várias doenças físicas e mentais. Pinte o sete e aproveite para soltar a sua imaginação.

Capítulo 18 – Audácia

A etimologia da palavra "audácia" está a partir do latim *audaciae*, que pode ser traduzido como "atrevimento" ou "ousadia".

> É aquela coragem que vive dentro de nós que nos ajuda a irmos em direção ao que realmente queremos. É apenas através da coragem que conseguimos chegar a nossa real abundância.
> *Marcela Argollo*

> É preciso coragem para realizar os objetivos, mas é a audácia que diferencia o tamanho dessa coragem.
> *Luciene Balbino*

> É preciso audácia para enfrentar nossos inimigos, mas igual audácia para defender nossos amigos.
> *J. K. Rowling* (Alvo Dumbledore – *Harry Potter e a Pedra Filosofal*)

Audacioso(a) é aquela pessoa atrevida que está sempre questionando o *status quo*.

A audácia é uma habilidade fundamental para o profissional 5.0 do futuro. Ela é bastante vista e encontrada na geração Z (nascidas entre 1990 e 2010) e Alpha (nascidas a partir de 2010), pois são gerações desapegadas, posicionadas, que têm extrema necessidade de expor sua opinião e forte responsabilidade social (com um foco totalmente voltado para mudar o planeta). Essas características necessitam de uma habilidade que é a audácia. Concordam? Eles têm a coragem de colocar a cara no mundo.

Segundo o filósofo Mario Cortella: "Uma característica central de quem não perde a oportunidade é a capacidade de ter audácia. Não confunda audácia com aventura. A mudança se faz com os audaciosos, não com os aventureiros. [...] Audacioso ou audaciosa é aquele ou aquela que planeja, organiza, estrutura e vai. Aventureiro ou aventureira é quem diz: Vamos que vamos e veremos no que dá".

Colocando isso para o mercado de trabalho, podemos afirmar que empresas proativas são feitas de e por pessoas proativas. Portanto, as empresas precisam estimular cada vez mais seus colaboradores a pensarem fora da caixa e terem cada vez mais proatividade.

A audácia está muito relacionada à sua autoestima e àquela segurança e à vontade que vêm das vísceras para crescer e melhorar sempre. É preciso arriscar, enfrentar os seus medos, sair do conforto que é se encaixar nos grupos e anular quem você é de verdade. Sonhe mais e realize. Pessoas que se diferenciam em qualquer área, mesmo na mais simples atividade, são audaciosas. Pessoas com atitude, que têm iniciativa, geralmente são audaciosas. Ser corajoso não basta para essas pessoas, é preciso muita dose de atrevimento e audácia.

Todos nós ouvimos "não", a diferença é que uns aceitam e outros persistem em mostrar os seus projetos. Vou dar um exemplo: uma pessoa tem uma ideia genial e vai até algum lugar para mostrar a alguém que não a recebe.

Essa pessoa tem duas opções: 1. vai embora e lamenta-se; ou 2. tenta outras alternativas para poder falar com aquela pessoa que é imprescindível para que a coisa aconteça. Desistir é o mais cômodo, o caminho mais fácil, persistir é trabalhoso e, se você não for maior que o orgulho, ficará no lugar da humilhação

Ter audácia não intimida pessoas que têm que transpor percursos difíceis, mesmo que ocorram erros e problemas no caminho. Pessoas inovadoras, que exploram situações diferentes nunca exploradas, que dispensam o óbvio e regras preestabelecidas, são audaciosas. Alguns são e não sabem, apenas nasceram assim.

Não confunda uma pessoa audaciosa com pessoa insistente. Algumas pessoas vivem incomodando os outros para solicitarem o seu espaço e acabam sendo chatas e inconvenientes. Por isso, a palavra audácia é interpretada, algumas vezes, para pessoas desrespeitosas e atrevidas no mau sentido. Mas não são. Ao contrário dessas interpretações equivocadas, os verdadeiros audaciosos são inteligentes, solidários, compreendem os outros, têm autocrítica, bom senso e respeito ao próximo sem perder a garra e a força para impor os seus sonhos.

Alguns principais sinônimos de audácia são lindos:

- Valentia
- Bravura
- Petulância
- Insolência
- Irreverência
- Temeridade

- Ousadia
- Atrevimento
- Arrojo
- Coragem
- Impavidez

Para finalizar, vamos dar como exemplo um dos homens mais audaciosos da história, Martin Luther King.

Um líder carismático, que teve a ousadia de acreditar em uma América e em um mundo sem racismo. Lutou até o fim pelos mesmos direitos de brancos e negros. Foi odiado e reverenciado por muitos, mas ele tinha foco e a sua luta era mais forte do que tudo. Mesmo que o seu sonho não tenha se cumprido até hoje, King continua a inspirar milhões de pessoas audaciosas pelo mundo a lutar pela sua causa. O famoso discurso de King, I Have a Dream, é até hoje admirado e aplaudido, pois ficou na memória coletiva. No dia 28 de julho de 1963, ao discursar, ele virou imortal e movimenta, desde sempre, negros e brancos para que tenhamos um mundo sem injustiça e com pessoas audaciosas lutando pela mesma causa.

Capítulo 19 - Ação e Coragem

A palavra "ação" deriva do latim *actio, onis*, com o mesmo sentido.

> Vulnerabilidade não é ganhar nem perder. É ter a coragem de se expor, mesmo sem poder controlar o resultado.
> *Brené Brown*

> Em vez de vivermos de julgamentos e críticas, devemos ousar, aparecer e deixar que nos vejam. Isso é a coragem de ser imperfeito! Isso é viver com ousadia! Estamos aqui para criar vínculos com as pessoas! Amor e aceitação são necessidades irredutíveis de todas as pessoas.
> *Brené Brown*

> A caverna que você tem medo de entrar guarda o tesouro que você tanto procura.
> *Joseph Campbell*

> É a capacidade que temos de trazer a responsabilidade para si e resolver problemas complexos de maneira autônoma e antecipada. É a capacidade de ter um olhar de melhoria contínua nos processos.
> *Marcela Argollo*

> A visão sem ação é apenas um sonho. A ação sem visão apenas passa o tempo. A visão com ação pode mudar o mundo.
> *Joel Barker* (futurista)

A arte do equilíbrio

> A dúvida só consegue ser removida pela ação.
> *Johann Goethe*

> Não é no silêncio que os homens se fazem, mas na palavra, no trabalho, na ação-reflexão.
> *Paulo Freire (Pedagogia do oprimido)*

> Agir, eis a inteligência verdadeira. Serei o que quiser. Mas tenho que querer o que for. O êxito está em ter êxito, e não em ter condições de êxito. Condições de palácio tem qualquer terra larga, mas onde estará o palácio se não o fizerem ali?
> *Fernando Pessoa* (SOARES, B. *Livro do Desassossego.* v. II. Lisboa: Ática, 1982. 85 p.)

> Transportai um punhado de terra todos os dias e fareis uma montanha.
> *Confúcio*

Uma pessoa ativa, dinâmica expõe AÇÃO. O contrário seria inércia. Pessoas inertes são aquelas que têm dificuldade em dar o primeiro passo. Já as ativas são aquelas que criam oportunidades e agem para que os seus objetivos aconteçam. Agir não é só o primeiro passo, mas sim todos os passos seguintes.

Uma roda gigante parada é apenas uma roda gigante, mas, quando movimenta-se, vemos e sentimos as emoções. O movimento faz toda a diferença na nossa vida. Levantar da cama nem sempre é prazeroso, mas, quando o fazemos, o dia vai clareando na nossa mente e vamos tendo mais ânimo para realizar as tarefas. Temos que dar o primeiro passo.

Muitas pessoas fazem as coisas como robôs e nem percebem que falta o principal: o comprometimento. Sem se comprometer com o que trabalha, não há ação positiva. É preciso checar, observar e agir sempre para melhorar. Pessoas que se importam e executam suas tarefas com dedicação e amor são proativas. Na contramão estão os procrastinadores. Deixam para amanhã o que podem fazer hoje ou agora.

Quem é você: proativo ou procrastinador?

Não existe uma fórmula mágica para tornar-se uma pessoa cheia de ação. O primeiro passo é conhecer-se, buscar ajuda para entender qual é o seu ritmo, qual a forma ideal de ajudá-lo a mudar, se você quiser, é claro. Ser uma pessoa ativa não quer dizer fazer as coisas com agilidade. Muitas pessoas são lentas e fazem coisas extraordinárias no seu tempo, mas fazem, realizam.

O que eu estou dizendo aqui de importante é que você deve realizar as coisas, agir dentro de seu ritmo. Respeitar o seu tempo é o que faz as coisas darem certo e acontecerem de fato. Agora, se me perguntar se existe uma maneira de mudar, de transformar-se e ser uma pessoa ativa e proativa, claro que tem. Nem sempre vai ser assim porque somos de fases, temos nossos sentimentos e confusões emocionais, mas tudo é possível desde que você queira de verdade. O querer é o que impulsiona. Você quer?

Algumas perguntas são importantes de se fazer:

1. É isso que eu quero para a minha vida?
2. Estou fazendo isso por mim ou pelos outros?
3. Vai valer a pena eu colocar o meu tempo e dedicação neste trabalho?
4. Qual o primeiro passo a dar?
5. De que forma posso agir para as coisas darem certo?

6. Como me sentirei ao conseguir o meu objetivo?
7. Este projeto precisa mesmo ser concluído?
8. Tenho dificuldade em ter ação. Por quê?
9. Estou feliz com este projeto ou trabalho?
10. Por que não sinto prazer neste trabalho? Será que é por isso que não consigo agir?

Nem sempre o desânimo ou a procrastinação têm a ver com o trabalho em si. Aconselho a refletir profundamente sobre os motivos que o levam a não ter atitude para realizar. É sabido que os problemas externos devem ficar distantes do trabalho, mas às vezes é difícil, principalmente quando temos um familiar doente. Por mais que tentemos ser profissionais, ficamos inertes e frágeis. Nesse momento, é bom conversar com o seu líder, explicar os motivos que o deixam assim, num "time" diferente do de costume. Se o seu chefe for duro, faça-o colocar-se no seu lugar, quem sabe ele entenderá que você precisa de um tempo ou mesmo realizar o trabalho com a competência esperada, mas num tempo diferente do habitual.

Procurar um terapeuta, ouvir áudios com pensamentos positivos ajudam na reprogramação linguística, ir a um templo e conversar com Deus, conversar com um amigo, fazer meditação e outras atividades que podem te ajudar a acalmar a mente e o coração. Não somos uma máquina. Somos seres humanos e complexos. Nem tudo é do jeito que programamos. Precisamos sempre de apoio, de compreensão e atenção para as realizações. No entanto, preste atenção se os seus problemas não são desculpas para não agir. Traga a responsabilidade para si e antecipe a resolução de seus problemas. Aja incansavelmente em busca de si mesmo e aja no seu trabalho com dedicação e competência.

Coragem

Coragem é uma palavra que se origina do vulgar latim coraticum, derivado de cor, "coração". Isso porque, em épocas remotas, esse órgão era considerado a sede da coragem, além da inteligência. Faz muito sentido em pleno século XXI, quando virou sinônimo de estado de espírito e força interior.

Numa outra linha de raciocínio, coragem tem origem no francês *courage*, que significava em princípio "a morada dos sentimentos".

> Coragem é ter conhecimento do medo, mas enfrentá-lo.
> *Marcela Argollo*

> Você só vai iluminar as suas sombras quando aceitá-las e acolhê-las.
> *Marcela Argollo*

> A coragem é a primeira das qualidades humanas porque garante todas as outras.
> *Winston Churchill*

> Você ganha força, coragem e confiança através de cada experiência em que você realmente para e encara o medo de frente.
> *Eleanor Roosevel*

> A vida se contrai e se expande proporcionalmente à coragem do indivíduo.
> *Anaïs Nin*

A arte do equilíbrio

> A maior prova de coragem é suportar as derrotas sem perder o ânimo.
> *Robert Ingersoll*

A palavra "coragem" é uma das mais lindas em português. Ouvimos falar desde criança, ao darmos os primeiros passos: Você consegue, tenha CORAGEM. Essa palavra fica marcada em nossos corações. Incrível, mas ela vem do coração. Sim, pessoas genuinamente corajosas são humanas e amorosas. Enfrentam qualquer coisa para ajudar a quem amam, arriscam as suas vidas para salvar o outro do perigo. Pelo menos é isso que vemos nos filmes. Ficamos surpresos, e nosso coração invade de alegria. Saímos do cinema afirmando que aquele personagem é corajoso. Mas e na vida real? Quem são os corajosos? Somos corajosos o tempo todo? Em quais situações temos mais coragem?

Existem alguns "tipos" de pessoas corajosas, sendo que algumas pessoas desenvolvem todos os tipos de coragem. Vamos aos exemplos:

- **Física**: é uma forma de coragem que envolve o corpo, como soldados, policiais, bombeiros, por exemplo.
- **Psicológica**: é uma forma de coragem ao enfrentar os aspectos dolorosos de si mesmo.
- **Moral**: é uma forma de coragem interessante, pois são pessoas que não têm medo de falar o que pensam, o que sentem, mesmo que não sejam bem interpretadas.
- **Corporal**: Pessoas que se colocam no lugar das outras, que acolhem e escutam os outros com carinho, envolvem-se sem medo.
- **Criativa**: É a coragem de ser você mesmo ao buscar novos conceitos, padrões e maneiras de estar.

A arte do equilíbrio

Desenvolver a coragem não é uma tarefa fácil, mas é possível. Para isso, é fundamental o autoconhecimento, caso contrário, você não saberá quais são as suas habilidades e os seus limites. Sem se conhecer, tudo fica mais limitado. Eu já disse isso várias vezes nos capítulos anteriores. Então, não tenha medo de se aprofundar em si mesmo. Conheça os seus pontos fortes, as suas legítimas capacidades, os seus talentos. Pare de focar os seus defeitos e os seus fracassos do passado. O foco tem que ser o agora. Se tantas pessoas conseguiram, por que você não irá conseguir?

Quanto mais conhecer-se, mais encontrará o seu caminho. A inteligência emocional está aliada à coragem. Cuide de si mesmo, da sua saúde, do seu corpo, das pessoas que te cercam. Quando vierem pensamentos negativos e depreciativos, não permita que invadam a sua mente. Logo pense nas coisas boas de que é capaz, foque os seus projetos e vá em frente. Saia da zona de conforto, assim perceberá que deveria ter tentado há mais tempo. Se tem medo de ir ao cinema, ao restaurante, ao teatro sozinho, vá logo. Enfrente o medo. Faça o que tem medo de fazer. Só perdemos o medo quando o enfrentamos. Perder tempo é deixar que o medo o domine. Pode ter a certeza de que a coragem reinará com tudo em sua vida. O tempo corre e você vai deixar de viver?

Vamos voltar à etimologia da palavra: *cor* – coração. Cuide dele com coragem. Cuide da sua casa interior. Pessoas que têm medo de amar, por exemplo, morrem sem nunca terem experimentado o sentimento mais valioso que existe, porque viver uma vida sem amar é não viver. Deus deu-nos sentimentos benéficos e tão alegres. Converse com Deus e peça coragem, Ele lhe atenderá e você acordará com vontade de conquistar o mundo. Faça tudo com fé e será uma pessoa corajosa naturalmente. Tudo o que vem do coração de verdade flui de uma forma inteira e real.

Capítulo 20 - Ambiente

Ambiente vem do latim *ambiens/ambientis*, com o sentido de "envolver algo".

> Você é a média das cinco pessoas com as quais você mais convive. O ambiente no qual você está inserido tem total influência sobre o seu desenvolvimento. Para que você consiga alcançar novos voos, é necessário sair da zona de conforto e mudar de ambiente.
> *Marcela Argollo*

> A natureza pode suprir todas as necessidades do homem menos a sua ganância.
> *Mahatma Ghandi*

> Não se deixem enganar: As más companhias corrompem os bons costumes.
> *1 Coríntios 15:33*

> Quem anda com os sábios será sábio, mas quem anda com os tolos acabará mal.
> *Provérbios 13:20*

"Diga-me com quem andas que te direi quem és."

Não se planta e não se colhe bons frutos num mau ambiente. Não se consegue criar bons hábitos e produzir num ambiente negativo, com energia negativa. Para colher bons resultados, é fundamental um ambiente com terras férteis, uma roça repleta de vitaminas e minerais e sem uso de agrotóxicos. Essa analogia serve para tudo na vida, da mesa que alimenta à mesa do escritório.

Estar no lugar certo, na hora certa e no caminho certo é o que nos faz prosperar. Quando isso ocorre, conseguimos atingir a nossa máxima potência. Num solo fértil, a semente que plantarmos crescerá irradiante e prosperará.

Por isso, é importante que o ambiente de trabalho seja são e humano, só assim as pessoas poderão sentir-se seguras para dar o máximo de suas capacidades. Um ambiente tóxico atinge a todos de forma psicológica, dando origem ao medo, à insegurança e, pior, à falta de autoconfiança e controle das emoções. É mais do que sabido que chefes abusivos deixam os seus colaboradores doentes e abalados emocionalmente. O medo de perder o emprego faz com que muitos permaneçam no trabalho sendo agredidos e maltratados. Nunca um ser humano deve aceitar ser humilhado e desrespeitado. Quando isso acontece, é melhor buscar outros horizontes e recomeçar. Busque um ambiente de trabalho que o estimule a ser cada vez melhor e que te dê animo ao acordar. Lute por isso.

É da natureza do ser humano ser influenciado pelo ambiente e influenciar. Falar do ambiente é algo profundo e filosófico. A profundidade vem individualmente de cada pessoa porque somos frutos de onde viemos e com quem convivemos. Pessoas muito problemáticas, se você for se aprofundar nas suas razões, vieram de ambientes hostis, muito difíceis e sofreram muito. Quando somos crianças, não podemos mudar de ambiente, sair daquele lugar que nos violenta. Algumas pessoas quando adultas tornam-se pessoas resilientes e constroem uma vida extraordinária e de sucesso. Outras se sucumbem e passam uma vida inteira infelizes e tentando encontrar o seu lugar no mundo.

A arte do equilíbrio

Em todos os ambientes, há pessoas e, a depender delas, a convivência fica leve ou pesada. Quantas e quantas vezes vamos a algum lugar e sentimo-nos mal, com angústia, tristeza e outros sentimentos. Provavelmente, a energia desse ambiente está carregada. Mas também tem o outro lado, há locais agradáveis de estar, que nos elevam, que nos deixam felizes, em paz etc.

Nós fazemos o ambiente. Será? Pessoas alegres, cheias de vida tendem a melhorar o ambiente, principalmente aquelas que gostam de fazer os outros sorrirem. E, mesmo quando um ambiente está pesado, essas pessoas não se deixam influenciar e entram e saem bem também. Ao observar pela plateia o público de uma peça de teatro, pude perceber que, quando uma pessoa gargalha alto, aumenta o número de pessoas a rirem, mas, quando uma está mal-humorada, contagia a todos os presentes.

Como eu disse, é um assunto muito complexo. Ao ampliarmos as possibilidades para o ambiente, podemos falar da área profissional. O ambiente em que trabalha te faz feliz? É harmonioso? Você trabalha na defensiva com medo de puxarem o seu tapete? É bem tratado pelo seu líder e pelos colegas de trabalho? O quanto você contribui para tornar o ambiente agradável? São perguntas que determinam se está no lugar certo ou está na zona de conforto.

É preciso coragem para mudar de ambiente, para demitir-se. Perde-se muito tempo em lugares com pessoas que nos fazem mal. Vivemos nos violentando, achando que tudo pode mudar de uma hora para outra, mas sinto informar que a verdadeira mudança vem de dentro de nós. Esperar é jogar fora o tempo, que poderá ser precioso, rentável e harmônico em outro local. Quem nunca disse: Por que eu não tomei esta atitude há mais tempo? Então, a pergunta que precisa fazer é: Sou feliz aqui? Gosto de trabalhar aqui? Se a resposta for não, abra novas portas e lute para estar no ambiente que merece.

O mesmo digo em relação às amizades, aos relacionamentos amorosos e até às famílias. Sabotar-se é favorável até quando? O tempo vai passar e, quando olhar para trás, se arrependerá de não ter vivido todas as suas possibilidades e os seus talentos. Um casamento infeliz é a prova de que quase tudo vai mal. Ao chegar em casa, ter que olhar para aquela pessoa, jantar com ela, dormir com ela com vontade de estar em outro ambiente. Por que não voar e experimentar uma nova vida? Já falamos do medo, não é desculpa. Falamos da coragem, onde está a sua? O problema é que sentir pena de si mesmo vicia. Dá um trabalho danado arrumar as coisas e ir embora. Dói deixar tudo para trás e recomeçar sozinho. E a frase que repete aos quatro ventos: Antes só do que mal-acompanhado! Ah só vale para os outros?

Faça o seu ambiente. Viva onde sente que é o seu lugar. Não estamos vivos para sofrer apenas e aceitar o que nos dilacera a alma. Ao cuidar do lar que te pertence, do trabalho que merece, das pessoas que fazem parte do seu ambiente, você olhará para o planeta da forma correta, cuidará do meio ambiente com mais amor, não podemos separar a nossa casa da rua, pois é a nossa extensão. Costumo dizer que, se uma pessoa joga sujeira nas ruas, não recolhe o cocô do cachorro e não se importa com o bem-estar do outro, provavelmente a casa dela deve ser imunda. Seja a mudança que deseja no mundo tendo atitudes que beneficiam você e o próximo. Caráter não muda ao estar sozinho ou com outras pessoas. Desenvolver-se é contribuir para o desenvolvimento do próximo. Não vivemos numa ilha. Somos parte de um todo. Encontre o seu ambiente e lute por ele.

Capítulo 21 – Alegria, Ânimo e Felicidade

Alegria

Segundo o *Dicionário Etimológico – Etimologia e Origem das Palavras*, "alegria" vem do latim *alacritas* ou *alacer*, que significa "animado", "vivaz", "contente" ou "ânimo leve".

Na realidade, supostamente existem duas prováveis origens etimológicas para esse termo, sendo que ambas são consideradas sinônimos atualmente.

Existe aquele que vem a partir do latim *felicitas*, que teria se originado a partir do termo *felix*, que significa "feliz", que por sua vez surgiu do grego *phyo*, que quer dizer "produzir".

Felicitas seria a raiz etimológica da palavra "felicidade", que é considerada um sinônimo de "alegria" na língua portuguesa.

> Alegria é um poder interno, nossa força motriz que faz com que queiramos levantar todos os dias para galgarmos nosso propósito! É ela que nos impulsiona para a frente diariamente.
> *Marcela Argollo*

> Há um profundo desejo dentro de nós de nos tornarmos quem realmente somos. Serviçais da vida, pois todos nós vivemos para servir, para proteger e criar junto com Deus. A grande viagem não é encontrar a felicidade, mas sim estar presente em cada graça da vida, alimentar a criança interior e embarcarmos juntos a bordo da nave imensa deste mundo, respeitando o processo individual de crescimento de cada um.
> *Marcela Argollo*

A arte do equilíbrio

Saber encontrar a alegria na alegria dos outros é o segredo da felicidade.
Georges Bernanos

A alegria evita mil males e prolonga a vida.
William Shakespeare

A alegria está na luta, na tentativa, no sofrimento envolvido e não na vitória propriamente dita.
Mahatma Gandhi

Para o trabalho que gostamos, levantamo-nos cedo e fazemo-lo com alegria.
William Shakespeare

Não há satisfação maior do que aquela que sentimos quando proporcionamos alegria aos outros.
Masaharu Taniguchi

Saber encontrar a alegria na alegria dos outros é o segredo da felicidade.
Georges Bernanos

Muitas pessoas perdem as pequenas alegrias enquanto aguardam a grande felicidade.
Pearl S. Buck

A palavra *phyo* também tinha a conotação de "fecundo" ou "algo que é produtivo", o que acabou por ser relacionado com o comportamento típico de um indivíduo quando está alegre.

Acredita-se que, até o século VI, o termo *alacris* seria uma versão feminina para a palavra *alacer* (alegre). No entanto, com o passar dos anos, o termo *alacer* estabeleceu-se como único para ambos os sexos, masculino e feminino.

A arte do equilíbrio

Como dizia o grande poeta Carlos Drummond de Andrade: "Ser feliz sem motivo é a mais autêntica forma de felicidade". O poeta tem razão, têm dias que estamos numa alegria expansiva e queremos contagiar o mundo. Algo acontece no nosso peito que sentimos borboletas coloridas voarem nele. Sentimos que viver é a melhor coisa que podia ter nos acontecido. Nestes dias, ouvimos das pessoas que somos contagiantes na alegria e chegam os abraços, a vontade do outro de ficar perto de nós. Conseguimos manter esse estado todos os dias?

É uma pergunta fácil de responder, pois ser alegre, feliz todo o tempo e todos os dias é uma ilusão impossível. A psicanálise concorda e ainda afirma que a alegria é uma emoção saudável e esperada, entre outras que fazem parte do nosso cotidiano. Por que é impossível a alegria o tempo todo? Simplesmente porque a vida é imprevisível e incontrolável, não temos como impedir que coisas ruins aconteçam e a alegria pode sair do nosso rosto num minuto inesperado. A forma com que lidamos com os momentos de dor é que nos torna diferentes uns dos outros. Mesmo diante da fragilidade da vida, dos conflitos e problemas, algumas pessoas conseguem acordar com o combustível da alegria.

"Vai doer muito, não se engane. Afinal, a dor é inevitável. Mas você se lembra do resto do ditado? Pois é, o sofrimento é opcional. Que tal usar isso como combustível para te ajudar a dar a volta por cima?" (Autor desconhecido). Li essa frase em algum lugar e ficou na minha memória. É certo que a alegria é capaz de nos libertar da tristeza e do marasmo. Rir de si mesmo é um ótimo remédio para virar o jogo e sentir novamente as borboletas no peito. Mas não vamos aqui ser ilusórios. A realidade é que, a depender do problema, não é possível fugir dele, precisamos viver a dor. Quando perdemos um ente querido, não vamos sair por aí dando pulinhos de alegria, mas lembrar coisas engraçadas que a pessoa fazia, momentos divertidos podem ajudar a mudar a chave e homenagear aquela pessoa com a alegria dos instantes vividos.

Uma amiga acordou um dia com a percepção de que havia uma mosca dentro de seus olhos ou voando pelo quarto próxima ao seu rosto. Ainda não conseguia perceber nitidamente onde ela estava e começou a bater as mãos para matar a mosca, que ora parecia estar do lado direito, ora do lado esquerdo do quarto, até perceber, mesmo sem querer aceitar, que a figura irritante estava mesmo dentro de seus olhos. Mas ainda havia o será? Minha amiga adora fantasiar que as coisas ruins não estão acontecendo e, por ser muito criativa, provavelmente, imaginou que as lentes de contatos é que tinham defeitos ou que tudo não passava de um estresse momentâneo.

No dia seguinte, ela entrou no seu carro e achou que também havia uma mosca ali dentro. Pediu ao marido para matá-la, mas ele lhe disse firmemente que não havia mosca alguma. Com esse fato, ela chegou à conclusão de que tinha algo errado e foi ao oftalmologista. Na sala de espera, a mosca estava lá em sua companhia como uma amiga fiel. Na triagem, a enfermeira disse-lhe que precisavam investigar bem porque mosca nos olhos não era normal. Ela ficou ansiosa e a pressão subiu, não só a arterial como também a dos olhos. Ela sentia que algo ia mal. A médica confirmou a suspeita, a retina havia rasgado e precisava ser "costurada" com laser urgentemente. Se ela tivesse demorado para ir ao médico mais alguns dias, poderia ter tido um descolamento da retina, o que seria muito pior. Segundo a oftalmologista, minha amiga, por ter um grau muito alto de miopia, tem a retina muito mais fina do que pessoas com olhos normais e graus toleráveis.

A arte do equilíbrio

Infelizmente, não tinha médico que fazia o procedimento na rede de hospitais em que estava, mas a médica, muito preocupada, encontrou uma colega em outro hospital que iria fazer a pequena cirurgia a laser. Minha amiga sentiu uma alegria no coração, sentiu-se com sorte, pois esperar mais um dia poderia ser ruim para a retina, que poderia se romper. Alegre e otimista, foi com o marido ao outro hospital e conheceu outra médica extraordinária, que, por coincidências da vida, tinha o mesmo sobrenome que o dela. Em Portugal, encontrar uma pessoa com o mesmo sobrenome italiano era incrível. Na hora da pequena "cirurgia" a laser, minha amiga pediu à médica que costurasse a retina várias vezes para que isso não acontecesse novamente no futuro ou que pelo menos focasse nisso, já que o futuro a Deus pertence. A médica gargalhou quando minha amiga disse aquilo e também riu quando minha amiga lhe contou que quase jogou inseticida no olho direito para matar a mosca.

Em outra sala, a doutora Eliana passou-lhe os sinais de alerta. E, risonha, disse-lhe: "Foi tudo perfeito, mas tenho a obrigação de lhe informar coisas que podem acontecer e, caso aconteçam, corra para um hospital na emergência". Eliana soltou a bomba: "Se vir flashes de luz, muitas moscas e uma cortina negra". Otimista, minha amiga falou para a médica que não admitia mais moscas rondando os seus lindos olhos e que o próximo passo no retorno seria checar o olho esquerdo e disse que a doutora era muito charmosa e tinha uma energia maravilhosa. A médica riu, dizendo que ela era muito engraçada e que iria cobrar do marido dela para lhe dizer isso todos os dias. Todos riram com alegria. Feliz pelo sucesso do procedimento, minha amiga ainda pediu um abraço da médica e agradeceu por todo o cuidado. A alegria está nos detalhes, na forma de encarar a vida e ter gratidão por ter a sorte de encontrar boas pessoas no caminho e receber o abraço delas.

A arte do equilíbrio

Estar alegre também acontece ao recebermos uma boa notícia. Surge a emoção, ou o sentimento de alegria, também quando ouvimos algo engraçado, como uma piada, por exemplo. Podemos sentir ambos os sentimentos no mesmo dia, o que é saudável. Dependendo das circunstâncias, não seria normal estar alegre em um velório ou triste em seu próprio casamento. Também não confundamos alegria com felicidade. A primeira é algo rápido, passageiro, enquanto a felicidade é um estado duradouro. Quando você faz uma viagem maravilhosa, é normal que se sinta feliz por todo o tempo da viagem ao conhecer novos lugares, novas pessoas, comidas da região e demais situações que uma viagem proporciona.

Um trabalho que te realiza também pode lhe trazer felicidade diária. Ver um amigo conquistar algo importante para ele te faz ficar alegre. Encontrar a pessoa com quem sempre sonhou e construir uma família traz felicidade e momentos de alegria. Ajudar o próximo, cuidar de alguém, brincar com um cão, preparar o jantar todos os dias, trabalhar ouvindo música podem trazer movimentos felizes.

Pessoas alegres contagiam o ambiente, como foi dito acima. Elas transformam um ambiente hostil em um lugar agradável, repleto de luz e tranquilidade. São personalidades que se preocupam com os outros, são amigáveis, veem sempre o lado bom da vida e do próximo e deixam marcas positivas na vida daqueles que cruzam o seu caminho. É possível buscar dentro de si a alegria mesmo quando tudo está difícil. Que tal tentar! Experimente levar a sua alegria para onde vai, quem sabe coisas milagrosas à sua volta aconteçam. Alegria também surpreende e pode trazer felicidade a longo prazo, além do prazer do momento.

Quando somos atendidos bem por um recepcionista, por um lojista, médico, enfermeiro, bancário, dentista ou qualquer outro profissional, nos sentimos valorizados, respeitados, mesmo quando o nosso problema não é solucionado de imediato. Provavelmente, esses profissionais estão satisfeitos com os seus cargos, por isso, tratam com alegria os clientes.

Estar alegre é diferente de ser alegre o tempo todo. Posso não estar alegre em determinado dia, mas sou respeitável e gentil com as pessoas porque ninguém tem culpa dos meus problemas. Essa verdade cria laços reais e duradouros. Não podemos criar uma "persona" só para agradar ao outro se não conseguimos agradar a nós mesmos. O bom é quando temos ao nosso lado amigos, familiares, filhos, colegas, não só quando estamos alegres, mas quando estamos tristes, arrasados, precisando de colo, de um abraço. Tudo passa, até mesmo a alegria e a tristeza. O que fica é o que construímos com sinceridade e amor.

A tecnologia existe para nos ajudar, mas jamais para vivermos reféns dela. Nas redes sociais, os verdadeiros sentimentos nem sempre imperam. Há uma cobrança para que mostremos o sorriso largo em todas as postagens. Estar alegre é obrigatório para causar inveja ou mostrar uma alegria falsa para ganhar *likes* e mais seguidores. Vivemos em dois planetas, o real do dia a dia e o planeta virtual. Ambos se confundem porque são consumistas, tanto no consumo de fingir alegria como no consumo de coisas materiais, ou seja, nas redes sociais consumimos seguidores.

Temos que ser alegres o tempo todo? Fazer poses mostrando uma alegria mentirosa, sendo que dentro estamos dilacerados? Paramos para refletir o que é alegria? Ou fingimos uma alegria imposta pelo Instagram, pelo Facebook e pelas demais redes. Certo dia os casais estão rindo e no outro divorciam-se e declaram guerra uns aos outros. E a ilusão da alegria eterna, onde colocá-la?

Tantas pessoas inteligentes, pensantes e profundas entram nessa onda e ficam tristes quando suas postagens não são curtidas. Qual o caminho que estamos seguindo? Vale a pena cairmos na armadilha da alegria a curto prazo?

A inveja extrapola a normalidade em um ser humano. Muitos invejam as viagens, as comidas, as bebidas, as roupas, os carros, as joias e os sorrisos publicados nas redes sociais. Acreditam que, se fosse aquela pessoa seria alegre e não teria motivos para chorar. Desesperadamente em busca dessa alegria, você estoura os seus cartões de crédito com o intuito de tentar imitar o outro que provavelmente não é feliz e tem pouquíssimos momentos de alegria. O que consegue com isso é participar de um jogo viciante e fazer nada por si, e sim para que o outro o inveje e queira o que você desejava. Paradoxalmente, incluímo-nos no imperativo social, gastamos dinheiro, criamos vínculos falsos que nos violentam. Será que só assim conseguimos relacionar-nos com os outros? Até quando vamos fantasiar que essa subjetiva alegria nos dará uma vida plena?

Ânimo

A palavra "ânimo" vem do latim *animus*, que significa alma, pensamento. Segundo o dicionário etimológico, *animus* era o lado psicológico do ser humano, a sede dos pensamentos, das ideias, da vontade, das emoções e do caráter. *Animus* representava a parte do ser humano que não é física, mas que forma a identidade. Todas as ações dos seres humanos derivam dos processos que acontecem dentro do *animus*. Em português, o *animus* seria a alma, a mente, o coração. Sem *animus* uma pessoa estaria desanimada, vazia ou louca.

A arte do equilíbrio

O ânimo tranquilo de um justo pode descobrir mais coisas que todos os sábios.
Sófocles

Procurai suportar com ânimo tudo aquilo que precisa ser feito.
Sófocles

Obstáculos são injeções de ânimo ou desânimo, você escolhe.
Fernando Faria

A maior prova de coragem é suportar as derrotas sem perder o ânimo.
Robert Ingersoll

Apressai-vos lentamente; e sem perder o ânimo,
Recomeçai a vossa obra vinte vezes:
Esmerilhai-a sem cessar e esmerilhai-a novamente;
Acrescentai de vez em quando e apagai frequentemente.
Nicolas Boileau

Força de ânimo e coragem na adversidade servem para conquistar o êxito, mais do que um exército.
John Dryden

Existe uma parábola que sempre gosto de contar. É extremamente importante e com certeza o ajudará a abrir a cabeça com relação ao ânimo, mas é importante que você entenda a origem e o significado da palavra antes.

Vamos à parábola:

O Diabo foi preso e foi julgado. No dia do julgamento, o juiz diz:
— Senhor Diabo, o senhor tem direito a três pedidos.
— Senhor Juiz, eu não preciso de três pedidos, basta-me um.

A arte do equilíbrio

— O Senhor quem sabe. E qual seria?
— Eu só quero ter o poder de desanimar o homem. Todos ficaram perplexos e perceberam o poder que o Diabo teria a partir dali.

Você percebe como esse diálogo é importante e o quanto o desânimo pode te impossibilitar de ir atrás dos seus sonhos. Uma pessoa sem ânimo não consegue nem levantar-se da cama, muito menos sonhar e planejar um futuro que para ela não existe. Caso fosse possível o Diabo realizar o seu pedido, o mundo acabaria. Nenhum ser humano realizaria mais nada. Os cientistas não inventariam vacinas, não teríamos mais músicas, criatividade culinária, pessoas dançando, pessoas se amando, nem livros, pois os escritores ficariam prostrados sem ter criatividade, não teríamos mais nada.

A alma e o ânimo andam juntos. Que profundo isso, que lindo, pois também significa a respiração, o sopro de vida, o ar. Pessoas animadas nos inspiram, enchem o local que frequentam de vida, de alegria e de esperança. Quando estamos num evento ou mesmo em uma festa e aparece alguém bem animado, contagia a todos os presentes. Começamos a ver os sorrisos nos rostos mesmo dos que têm uma aparência mais rude.

O ânimo está relacionado ao humor, ao estado de espírito e pode durar dias ou horas, diferente da alegria que pode ser passageira ou o medo, por exemplo. Ficamos felizes quando sabemos que pessoas que amamos estão animadas, que passaram a semana nesse espírito. É como se as sentíssemos fortes e corajosas para enfrentar os dilemas da vida.

Então vamos prestar atenção no nosso ânimo, cuidar da nossa alma. Não permita que energias ruins, negativas e maléficas dominem o seu espírito. Cultive o ânimo, assista a filmes, séries, leia livros, encontre com amigos, viaje, faça aulas de dança, de música ou o que lhe apetecer. Quando vier o desânimo, tome um banho relaxante, respire fundo e busque em si as coisas boas que têm e que faz tão bem aos outros. Ah, não se esqueça de sorrir e de provocar risos.

Quando perdemos alguém que amamos muito, nos enfraquecemos. Parece que a alma quebra, o coração sangra e lá vem o desânimo e a falta de coragem para enfrentar a vida que precisa seguir. Nessa situação, temos que nos animar de alguma forma, mesmo que seja buscar uma religião, algo que nos alimente o espírito e nos dê força para seguir. A pessoa que partiu com certeza não gostaria de lhe ver procrastinando, infeliz e desanimado. Temos que honrar as pessoas que nos deixam, temos que honrar a nós mesmos e dançar pela casa uma música em homenagem ao morto. Diferente do que sentimos quando quem amamos se vai, há muita vida na morte e devemos fazer tudo o que nos propomos antes que chegue a nossa vez. Ânimo precisa ser incorporado e vivido em cada passo que damos. Deus permite que nos animemos.

Veja que interessante alguns dos sinônimos de ânimo: mente, espírito, alma, temperamento, índole, gênio, energia, força, coragem, humor, feição, disposição.

Felicidade

Do latim *felicitas*, "felicidade" vem de *felix*, "feliz", de um verbo grego *phyo*, "produzir", que traz a conotação de "fecundo, produtivo".

Algumas frases já foram apresentadas no capítulo da alegria, mas é bom repeti-las para que nunca sejam esquecidas.

A arte do equilíbrio

Ser feliz sem motivo é a mais autêntica forma de felicidade
Carlos Drummond de Andrade

Não existe um caminho para a felicidade. A felicidade é o caminho.
Thich Nhat Hanh

Saber encontrar a alegria na alegria dos outros é o segredo da felicidade.
Georges Bernanos

Às vezes ouço passar o vento; e só de ouvir o vento passar, vale a pena ter nascido.
Fernando Pessoa

É tão difícil falar, é tão difícil dizer coisas que não podem ser ditas, é tão silencioso. Como traduzir o profundo silêncio do encontro entre duas almas? É dificílimo contar: nós estávamos nos olhando fixamente, e assim ficamos por uns instantes. Éramos um só ser. Esses momentos são o meu segredo. Houve o que se chama de comunhão perfeita. Eu chamo isso de: estado agudo de felicidade.
Clarice Lispector

Erguia-se para uma nova manhã, docemente viva. E sua felicidade era pura como o reflexo do sol na água.
Clarice Lispector

A felicidade é possível quando aprendemos a viver na dor sem sofrimento, como disse o nosso poeta maior.
Carlos Drummond de Andrade

A arte do equilíbrio

Definitivo – Um poema sobre a dor e o sofrimento

Definitivo, como tudo o que é simples. Nossa dor não advém das coisas vividas, mas das coisas que foram sonhadas e não se cumpriram.
Sofremos por quê? Porque automaticamente esquecemos o que foi desfrutado e passamos a sofrer pelas nossas projeções irrealizadas, por todas as cidades que gostaríamos de ter conhecido ao lado do nosso amor e não conhecemos, por todos os filhos que gostaríamos de ter tido junto e não tivemos, por todos os shows e livros e silêncios que gostaríamos de ter compartilhado, e não compartilhamos. Por todos os beijos cancelados, pela eternidade.
Sofremos não porque nosso trabalho é desgastante e paga pouco, mas por todas as horas livres que deixamos de ter para ir ao cinema, para conversar com um amigo, para nadar, para namorar.
Sofremos não porque nossa mãe é impaciente conosco, mas por todos os momentos em que poderíamos estar confidenciando a ela nossas mais profundas angústias se ela estivesse interessada em nos compreender.
Sofremos não porque nosso time perdeu, mas pela euforia sufocada. Sofremos não porque envelhecemos, mas porque o futuro está sendo confiscado de nós, impedindo assim que mil aventuras nos aconteçam, todas aquelas com as quais sonhamos e nunca chegamos a experimentar.
Por que sofremos tanto por amor? O certo seria a gente não sofrer, apenas agradecer por termos conhecido uma pessoa tão bacana, que gerou em nós um sentimento intenso e que nos fez companhia por um tempo razoável, um tempo feliz.
Como aliviar a dor do que não foi vivido? A resposta é simples como um verso:

A arte do equilíbrio

Se iludindo menos e vivendo mais!!!
A cada dia que vivo, mais me convenço de que o desperdício da vida está no amor que não damos, nas forças que não usamos, na prudência egoísta que nada arrisca, e que, esquivando-se do sofrimento, perdemos também a felicidade.
A dor é inevitável.
O sofrimento é opcional...
Carlos Drummond de Andrade
(Itabira, 31 de outubro de 1902, Rio de Janeiro, 17 de agosto de 1987)

Devemos e precisamos encontrar nos desafios o que é preciso desenvolver em nós mesmos, afinal, estamos em constante evolução. Quando somos humildes para aceitar os desafios que a vida nos oferece, é quando sabemos quem realmente somos.

Vamos conversar com sinceridade sobre a felicidade. Primeiro que, ao dizer que "fulano" é feliz, está na conjugação do verbo errada. O correto é dizer "ele, ou ela, está feliz". Viver é também aprender a estar feliz, pois é um estado que vem e vai como as ondas do mar. Fazendo uma analogia, nunca estamos felizes do mesmo jeito, sabemos o que é sentir, mas não temos certeza de quando, nem o tempo. Uma pessoa feliz o tempo todo é simplesmente impossível.

Segundo a psicanálise, o conceito freudiano de felicidade é ao mesmo tempo a obtenção de prazer e a evitação de desprazer. Quem não gostaria de viver a felicidade interminável e completa em tempo integral, tendo a ausência do desprazer? No entanto, o nosso cérebro não está preparado para isso. A constituição psíquica do ser humano torna inatingível essa possibilidade. Freud explica bem sobre a felicidade em seu livro O *mal-estar na civilização*.

A arte do equilíbrio

O título é extraordinário porque, no século XXI, ainda vivemos em busca de algo que, em vez de nos tornar felizes, torna-nos infelizes porque jamais iremos alcançar. O pai da psicanálise deixou-nos ensinamentos atemporais. Ainda que passem mil anos, a felicidade ainda será uma busca, uma procura, mesmo com a consciência de que nunca a teremos completamente. Então o que fazer com isso?

Primeiramente, temos que aceitar definitivamente que estar feliz não é ter ausência de sofrimentos. Que é um tema complexo desde que o mundo existe. Cada pessoa é criada por pessoas diferentes das outras, individualmente da forma que foi ensinada sobre a felicidade. Uma criança que vê os pais brigando o tempo todo e tristes deve ter um sofrimento constante. Imagine a alegria dessa criança quando os pais fazem um carinho um no outro, ou brincam em harmonia com ela. Ou uma criança que leva surras após alguns comportamentos, mas em seguida é abraçada e "perdoada" ao pedir perdão. Ela crescerá acreditando que tem que fazer algo que as pessoas consideram ruim para ganhar a sensação de felicidade depois.

Devemos criar nossos filhos para aprenderem a buscar a felicidade, e não apenas bens materiais. Estar feliz é algo diário, que precisamos trabalhar dentro da gente de modo individual, pois o que faz uma pessoa feliz não necessariamente é o mesmo para o outro. O problema é que muitos pais querem moldar os filhos dentro do que acreditam, transferem as suas frustrações e as suas rejeições para os filhos e estes acabam por não conseguir ser quem são, não são capazes de exprimir a sua verdadeira essência. Ninguém que vive uma vida tentando se encaixar é feliz. É impossível encontrar harmonia em si se não encontra no seu trabalho, nos seus amigos, na sua opção sexual e nas suas escolhas.

Se você é uma pessoa que não suporta o seu trabalho, acorda todos os dias angustiado, ansioso porque tem que ir na empresa que te deixa insatisfeito, precisa fazer uma autocrítica e buscar urgentemente algo que faça a sua vida valer a pena. Ninguém vive no seu lugar, ninguém tem as suas dores e sonhos. Quando você morrer, morrerá sozinho, então por que aceitar menos da vida? Ah, você vai dizer que é porque você precisa ganhar dinheiro para pagar as contas. Sim, todos nós precisamos. Mas que tal lutar para ganhar a sua sobrevivência num local que te dê alegria e paz?

É difícil mudar. Claro que é. Lutar por si mesmo exige coragem. Outro dia assisti a uma entrevista com o Bill Gates sobre felicidade. O jornalista perguntou o que ele faria de diferente em toda a sua trajetória? Ele respondeu que não mudaria nada, pois, se não tivesse feito tudo como ele fez, não teria tido o sucesso que tem. Ele ainda afirmou que a sua vida é só de gratidão. Ao ver a entrevista, pensei comigo: é isso que eu quero, olhar para trás no meu leito de morte e pensar: "Minha vida valeu a pena. Não deixei de fazer as coisas que eu quis. Fiz com amor e com fé". Algo lindo que Gates também disse é que toda a sua fortuna ganha apenas para ele usufruir não teria sentido. Não sei se você sabe, mas ele ajuda muitas crianças de países necessitados. Ele doa bilhões de dólares para pesquisas científicas e tem outros hábitos solidários. Ganhar dinheiro e ainda poder ajudar os outros é uma missão repleta de felicidade. Não estou dizendo que você deve ter a fortuna dele, mas ganhar o suficiente para ter uma boa vida e ainda poder ajudar o próximo é o verdadeiro caminho da felicidade.

A nossa mente deve ser domesticada, treinada para isolar os pensamentos negativos. É um exercício. Esta dica é boa para você virar a chave. Quando estiver pensando coisas ruins, procure achar uma solução para o problema. Por exemplo: se tem alguém doente na família, foque a cura, a solução para amenizar o sofrimento da pessoa ou mesmo que a sua morte seja completa de bons momentos e de alegria. Diga a ela o que sente, cuide dela, dê amor, dê a sua paciência, o seu tempo. Faça ela sorrir, assim, verá que, mesmo nessa situação, é possível ter momentos de felicidade. Focar o lado negativo, na maioria das vezes, só traz mais tristeza e desespero.

Lembra que a felicidade é o caminho? Todos os dias temos que trabalhar esse caminho, ainda que tenhamos pedras e tropeços. Um dia após o outro. Sejamos fortes, mesmo quando nossa força se esvai. Não espere ficar doente para perceber que estava feliz e não sabia. Quantas vezes vemos a história se repetir, pessoas que começam a valorizar a vida quando adoecem e só encontram a felicidade quando se curam. Você está saudável, tem o seu corpo em perfeito funcionamento? Então mãos à obra. Por que algumas pessoas conseguem e outras não? Já parou para pensar sobre isso? Talvez porque se acha vítima do mundo, acredita que apenas o outro tem sorte. Será que a sorte também não se cria? Se você vir a conhecer a história de pessoas que venceram, o comportamento se repete, porque elas não desistem de seus objetivos, elas persistem, abrem portas e, quando estas se fecham, elas abrem as janelas e vão em frente. Será que você não desiste fácil?

E as relações? Por que são tão complicadas? Encontrar um amor te deixa feliz? E quando encontra, namora, casa e, mesmo com essas conquistas, com uma boa relação, não está feliz porque não tem filhos? Por que estamos sempre em busca do que nos falta? Como é difícil estar feliz com o que se tem! É também difícil ser feliz da maneira como somos. Se tem olhos castanhos, gostaria de ter azuis, se tem cabelos cacheados, gostaria de ter lisos, se tem 1 metro e

80 de altura, gostaria de ter menos, se é magro, gostaria de ser mais magro. Nascemos insatisfeitos ou somos criados para o sermos?

Para Freud, é feliz quem obtém o prazer intenso e a ausência do sofrimento. É impossível, volto a dizer, pois nem todas as pessoas são realizadas, muitos precisam trabalhar questões emocionais, desatar os nós, curar as frustrações e os desejos reprimidos. Sugiro a psicanálise para encontrar as respostas e quem sabe percorrer uma nova estrada, com mais ânimo e livre da infelicidade constante e crônica.

Infelicidade por repressão sexual é mais comum do que podemos imaginar. Freud acreditava que todas as nossas frustrações vinham dela. A restrição da libido e a falta de prática eram assuntos importantes para ele, pois resultavam em fobias e traumas. Ele estava certo porque a maioria das pessoas reprime os seus desejos, somos craques em fazer isso. Seja pela religião, pela educação, pela escola, ou qualquer outra fonte, mas definitivamente somos seres reprimidos, talvez por isso, o ser humano se adapta melhor à infelicidade do que à felicidade.

Mas então o que é infelicidade?

Segundo o pai da psicanálise, ser infeliz é ter a sensação de não ter algo que desejamos. A pergunta de milhões é: Quem tem tudo o que deseja? Mais uma vez escrevo a palavra impossível. Ninguém. São tantos exemplos que não caberia aqui, mas vamos a alguns: uma pessoa muito bonita e preocupada com a aparência envelhecerá e perderá o viço, a beleza, como lidará com a velhice e a invisibilidade. Outra tem dinheiro para comprar o que quer, viajar para onde deseja, mas não tem saúde, ainda há aquele que busca um amor verdadeiro, mas passa uma vida infeliz porque não o encontra.

A arte do equilíbrio

Existe aquela pessoa que não consegue assumir a sua sexualidade e vive infeliz sonhando em aproveitar o tempo do jeito que lhe apetece. Por isso, é fundamental e urgente que fale de seus medos, traumas, angústias e problemas mal resolvidos para libertar-se de algo que tem como mudar.

Não falar sobre o que te faz mal pode desencadear doenças em seu corpo. Freud relaciona a infelicidade com enfermidades cerebrais e no corpo. Uma doença pode ser causada por uma infelicidade refreada, mas disfarçada para que se suporte viver. Você não quer isso, pois não. Não falar sobre os seus problemas internos, sobre o que te aflige vai tomar forma em seu corpo como doença, assim ficará mais fácil tratar da doença no corpo e continuar a esconder os seus desejos reprimidos e que te sufocam. A sua dor na alma se manifestará no corpo, e os problemas só aumentarão com o tempo. Então não deixe de procurar ajuda. Fale, grite, não deixe de viver a sua vida da forma que acredita. Lembra que a felicidade é o caminho individual?

Todas essas coisas que estou dizendo são baseadas em estudos de Freud com os seus pacientes. Ele testemunhou o tamanho da alegria de uma pessoa quando a sua dor cessa. Pôde comprovar que o alívio da dor física ou na alma é mais forte do que a cura definitiva. Os nós emocionais precisam ser desatados e com urgência, como a vida. Para que deixar para o futuro o que pode fazer agora. Dê o primeiro passo e busque a sua cura. Depois me conte como está se sentindo. Entre mesmo em contato comigo, posso te ajudar a se equilibrar.

Você deve estar se perguntando: Então por que me sinto feliz quando adquiro algo material, como um carro novo, uma casa nova, um vestido maravilhoso ou uma joia dos sonhos? Sim, você pode ser o tipo de pessoa que consegue ser feliz em ter as coisas e não em ser. Mas, preste atenção, porque talvez Freud tenha razão, pessoas como você conseguem ter uma felicidade momentânea, que passa logo que o que comprou já não é mais novidade. O seu desejo precisa ser alimentado o tempo todo com objetos materiais para que se sinta feliz. Não é mesmo? Você precisa ter para ser feliz?

Há coisas que não podemos mudar, certo? Essas coisas existem e nos torturam, mas será que estar feliz não é exatamente ter consciência de que não tenho controle de tudo e que tenho que aceitar o imutável. Volto a dizer que a verdadeira cura está na mente, e não no corpo. Percebe que se você vive zangado, triste e agressivo, as pessoas que o rodeiam não querem ficar perto de você. Então por que ser assim? Por que não mudar e procurar dentro de si o seu verdadeiro eu adormecido e escondido?

Vemos tantas pessoas que vivem como se nunca fossem morrer e deixam para amanhã essa mudança. Amanhã eu procuro ajuda; amanhã eu marco uma consulta com o psicanalista, o terapeuta etc.; amanhã eu vou ao templo falar com um padre ou com um pastor sobre os meus sentimentos, amanhã eu vivo. E se não tiver o amanhã? Definitivamente não precisamos estar infelizes hoje, nem no futuro. O agora é o que temos. E também não adianta viver triste ao pensar na morte, pois ela é inexorável. O importante não é a morte, e sim como você vive. Já que vamos morrer, então vamos viver profundamente, amar sem limites, dizer aquilo que está engasgado, abraçar os desconhecidos, ajudar as pessoas que precisam de nós. Vamos acordar e agradecer por estarmos vivos todos os dias.

Não se iluda, não podemos mudar tudo. É uma grande ilusão pensar que podemos. Existem normas, regras que temos que seguir e respeitar. Mesmo que tenhamos vontade, não podemos sair às ruas nus, não podemos agredir o outro e muito mesmo ofender porque estamos magoados. Existe uma linha que precisamos respeitar do que queremos com o que é permitido. Anular-se como se é para ser aceito pelo outro é a maior perda de tempo. Fazer alguém gostar do outro é uma tarefa irrealizável. Nem todo mundo vai com a nossa cara, desse modo, bajulamos para forçar uma situação que vai nos deixar mais infeliz e arrasado. Então para que buscar e lapidar esse sentimento? Somos seres humanos responsáveis pela nossa felicidade, não podemos colocar nas mãos do outro. É doentio ouvir alguém dizer: "Se fulano(a) me deixar, eu me mato, não serei feliz". Essa pessoa já não é feliz, ela não tem amor-próprio e não acredito que ame a pessoa que diz amar. Quem ama de verdade deixa o outro ir, liberta e quer ver a pessoa feliz. Claro que vai doer, vai chorar, mas nunca perderá a dignidade de seguir em frente.

Amar o que temos e ser feliz com o que temos. Quem nunca ouviu isso. Quando aprendermos a valorizar e agradecer pelo que temos, a felicidade aparecerá em momentos inesperados. A energia da alegria e do sorriso contagia a nossa casa, o nosso trabalho, os nossos filhos, os nossos amigos e até os inimigos. Mas isso só o autoconhecimento traz. Não adianta esperar que a vida traga-lhe isso. Só a sua mente pode produzir essa luz que tornará os seus dias mais felizes e cheio de brilho.

Ao escutar a pessoa dizer que quer ser feliz, vem uma imagem na minha cabeça, a da felicidade correndo e a pessoa correndo atrás dela. É como se a felicidade fosse algo inatingível, distante e que só encontrará no futuro e, pior, sem data, sem dia, nem ano, apenas "quem sabe?". Um dia!

É contraditório eu dizer que um dia "talvez" serei feliz, ou "serei feliz um dia" ou ainda "se acontecer isso ou aquilo, serei feliz". Algo fecundo e produtivo começa no agora, no hoje. É como plantar uma semente e não regar todos os dias, dessa forma, ela pode morrer.

O maior erro das pessoas é colocar a felicidade como algo que não está, que não é. Depende mesmo de nós cultivarmos esse sentimento dentro de nós, sim, ele não está fora. Repito algo que já disse, a felicidade não está no carro que você comprou, nem na bolsa cara que você adquiriu. Muito menos na viagem dos seus sonhos. Vamos imaginar que seu sonho é ir a Paris, mas está infeliz. Como não é capaz de deixar seu sentimento para trás porque o que sente vai consigo para onde for, estará infeliz na cidade-luz. Nada que vem do outro te fará feliz se não estiver disposto a receber ou dar e retribuir.

O filósofo Sócrates (469-399 a.C.) deixou-nos os seus pensamentos sobre a ideia de felicidade, afirmando que ela não se refere apenas à satisfação dos desejos e das necessidades do corpo, mas sim está interligada, principalmente, à alma. Para o filósofo, sofrer uma injustiça era melhor do que praticá-la. Na hora da sua morte, quando bebeu, obrigado, a taça de veneno, mostrou uma felicidade estranha para aqueles que o assistiam no tribunal ateniense.

Friedrich Nietzsche (1844-1900) foi um filósofo alemão, escritor e poeta conhecido por criticar a felicidade efêmera. Para ele, estar bem, quando as coisas estão favoráveis, não é felicidade. Nietzsche dizia que felicidade é força vital, ter um espírito guerreiro para enfrentar todos os obstáculos que nos delimitam a autoafirmação e a liberdade. O filósofo dizia que ser feliz é ser capaz de provar dessa força vital ao superar as adversidades e as dificuldades, e então criar formas diversas de viver.

É muito interessante porque ele nos mostra que temos que lutar o tempo todo para sermos felizes. A felicidade é coisa séria, não uma coisa qualquer que sentimos sem saber ao certo o que sentimos. Tem que ser um objetivo diário e não uma amanhã quem sabe.

A arte do equilíbrio

Viver em cima do muro não é viver. É possível encontrar o equilíbrio, mas leva um tempo. Quem não se permite viver a vida intensamente provavelmente não aprenderá a buscar o equilíbrio em todas as áreas da vida. Para se conhecer, é necessário viver a sua sombra e a sua luz. Outra coisa importante: não é necessário ter medo de chorar e sentir dor. Agora, se quer viver uma vida apegado ao falso equilíbrio, fazendo o que os outros querem que faça e/ou dizer o que querem que você diga, passará por este mundo na ilusão de que encontrou o equilíbrio. Você não o encontrou.

A filosofia tem uma fórmula antiga de se dizer sobre a felicidade que serve de anedota: "Felicidade é igual realidade menos expectativa". Não sei se vão concordar comigo, mas, com as redes sociais, a felicidade tornou-se uma mentira para a maioria. Nos dias atuais, muitos vivem à mercê das curtidas e dos seguidores nos aplicativos. Pessoas ficam deprimidas e infelizes se tudo que publicam não é curtido, visto e compartilhado. Como assim? As redes sociais promovem a inveja, a mentira de ser feliz o tempo todo, de se ser perfeito fisicamente. Acredito que a maioria que se diz feliz é infeliz e até deprimido, além de estar solitário. O erro está na comparação. O que faz a maioria das pessoas infelizes é se comparar com o outro, é querer estar no lugar do outro, ser o outro. Aquele ditado popular foi para as redes sociais: "A galinha do vizinho é bem melhor".

A psiquiatra Ana Beatriz Barbosa vai mais longe ao afirmar que estamos vivendo a pandemia da infelicidade. "Eu acho que as pessoas não sabem o que é ser feliz. E é geracional, a cada geração está piorando. A gente não tem conexão com coisas muito interessantes, a ciência desconectou da filosofia no início da Idade Média porque os cientistas foram perseguidos. Galileu, Giordano Bruno foram mortos na Santa Inquisição, que de Santa não tem nada. Houve essa grande separação da ciência com a espiritualidade, algo que persiste até hoje. Agora a ciência volta a estudar a felicidade. Existiu uma era, a chamada era axial, a qual todos os filósofos conversavam sobre a mesma coisa, o que era ser feliz, o que era ser humano. Não dá para ser feliz sem tratar da dimensão espiritual, que não tem nada a ver com religião.

E você está feliz em ter a oportunidade de ler este livro? O que é felicidade para você. Conte pra mim!

Capítulo 22 - Resultados e Metas

Resultados

De nada adianta sonharmos se não planejarmos, definirmos metas e medirmos esses resultados para que possamos ao longo do caminho realinharmos a rota quando necessário.
Marcela Argollo

Não é a força, mas a constância dos bons resultados que conduz os homens à felicidade.
Friedrich Nietzsche

As doenças são os resultados não só dos nossos atos, mas também dos nossos pensamentos.
Mahatma Gandhi

Os bons e os maus resultados dos nossos ditos e obras vão-se distribuindo, supõe-se que de uma maneira bastante uniforme e equilibrada, por todos os dias do futuro, incluindo aqueles, infindáveis, em que já cá não estaremos para poder comprová-lo, para congratularmo-nos ou para pedir perdão, aliás, há quem diga que é isto a imortalidade de que tanto se fala.
José Saramago

Você nunca sabe que resultados virão da sua ação. Mas, se você não fizer nada, não existirão resultados.
Mahatma Gandhi

A arte do equilíbrio

Decidir comprometer-se com resultados de longo prazo ao invés de reparos a curto prazo é tão importante quanto qualquer decisão que você fará em toda a sua vida.
Anthony Robbins

Estar focado em resultados antigos e em cicatrizes, vingar-se e ficar por cima, sempre fazem de você menos do que você é.
Malcolm Forbes

Vencer por meios que não acredito me trazem resultados que não preciso.
Mahatma Gandhi

Esta última frase de Mahatma Gandhi resume o caráter de uma pessoa e os seus resultados. Tudo que fazemos na vida tem consequências e resultados, agradáveis ou não. Conseguir o que se quer não é uma tarefa fácil, ainda mais se não agirmos com civilidade e honestidade. Pessoas que agem com atitudes ilícitas e desonestas, sem se importar em prejudicar o outro com suas atitudes, podem até conseguir o que tanto almejam, mas um dia a casa cai, pois o que plantamos colhemos de alguma forma, pode ser na saúde ou em consequências morais e materiais.

Vamos falar agora de resultados no mundo corporativo. Não existe nenhuma empresa no mundo que não foque em resultados. Essa é a característica essencial para conquistar a excelência na gestão produtiva. O que ajuda muito é, claro, todos os membros de uma equipe terem o mesmo objetivo a alcançar, pois isso motiva a execução das tarefas do dia a dia, além de ajudá-los a enxergarem a importância de se conquistar metas estabelecidas.

A cultura de resultados

É visível na rotina das empresas todos trabalharem focados na mensuração de resultados de alto desenvolvimento. São vários princípios fundamentais para que uma empresa tenha bons resultados. O primeiro deles é o comprometimento, não adianta nada executar as coisas mais ou menos, sem vontade, sem dedicação e sem se comprometer de corpo e alma. Em uma empresa, os colaboradores precisam estar alinhados com a disciplina, a rotina e a organização logística, para todos conseguirem trabalhar em harmonia, com o objetivo de alcançar juntos o mesmo resultado final. Respeitar a individualidade soma positivamente na solidez da equipe. Por exemplo, se alguém está triste ou sem entusiasmo por motivo pessoal ou mesmo profissional, o líder precisa conversar, ouvir o colaborador e ajudá-lo a superar essa fase, mesmo que seja para que ele saia da empresa. Uma pessoa infeliz não vai conseguir somar com os outros e se comprometer. Mas, como somos humanos, temos sempre a opção de ajudar-nos uns aos outros e quem sabe alinhar metas individuais para fazer com que todos acreditem ser sonhos pessoais. A ambição de alcançar o sonho transforma-se num desafio e isso potencializa bons resultados.

O segundo ponto para se alcançar resultados estabelecidos é a objetividade, que é baseada em dados concretos, por isso, não se deve confiar apenas na intuição, no instinto e em experiências do passado. É necessário tomar decisões com possibilidades mais assertivas. Um bom termômetro para decidir ações é dar prioridade ao que é urgente e deixar o que for menos urgente preparando o momento certo no futuro. Ser objetivo facilita a conquista dos resultados. Usar a emoção, na maioria dos casos, dificulta o andamento das resoluções.

O terceiro princípio é a transparência, ou seja, a equipe precisa estar alinhada a tudo o que acontece na empresa. Conhecer a importância de outras áreas para colaborarem de alguma forma, caso seja necessário. É fundamental que todos conheçam os valores da empresa, para que eles sejam arraigados no comportamento natural, involuntário e inerente dos colaboradores. Profissionais que não se adaptam com sinceridade à equipe, aos colegas de trabalho acabam não pertencendo àquele lugar e se excluem ou são excluídos. Ser transparente em tudo na vida traz mais verdade, crescimento e boas relações. É inevitável falhar quando se usa máscara e age com falsidade para agradar aos outros.

Metas

"Meta", como "objetivo, marco", vem do latim *meta* – "marco, baliza, objeto de forma cônica que definia o local onde os cavalos podiam fazer a volta nas competições. Do grego *metá* – "além, alterado, depois, atrás".

> Quanto mais um homem se aproxima de suas metas, tanto mais crescem as dificuldades.
> *Johann Goethe*

> Se quer viver uma vida feliz, amarre-se a uma meta, não às pessoas nem às coisas.
> *Albert Einstein*

> Os homens não desejam aquilo que fazem, mas os objetivos que os levam a fazer aquilo que fazem.
> *Platão*

A arte do equilíbrio

Se você não falha em pelo menos 90% das vezes, seus objetivos não foram ambiciosos o suficiente.
Alan Kay

Disciplina é a ponte entre metas e realizações.
Jim Rohn

Muitas pessoas pensam que meta é o mesmo que objetivo, mas é importante saber a diferença. Para se alcançar um objetivo, é preciso durante o processo traçar as metas que serão atingidas, as quais são resultados mensuráveis e específicos, qualitativos e quantitativos inerentes ao que uma pessoa determina alcançar num prazo definido.

Podemos citar como exemplo: se uma pessoa tem uma loja com produtos, a meta é ter um número determinado de produtos vendidos por semana ou por mês para, no fim do prazo estabelecido, cumprir o número de vendas necessárias para atingir seu objetivo. É muito incentivador aos colaboradores terem metas diárias, semanais e mensais, pois incentiva-os a melhorarem diariamente.

É possível citar situações importantes para se atingir as metas:

- **Conhecer a situação atual da empresa** – Converse com os seus colaboradores e faça um balanço dos pontos negativos e positivos da organização.
- **Especificar os objetivos ajuda a alcançar as metas e colocar prazos estabelecidos** – Se eu digo que quero aumentar o número de clientes sem estipular um prazo, fica superficial, agora, se eu digo que quero aumentar em 50% o número de clientes em dois meses, fica mais objetivo.
- **Ser claro ao falar com a equipe de colaboradores** – Boa comunicação é fundamental. Então, seja claro

e objetivo ao passar as informações e as metas aos funcionários. Um mal-entendido pode causar danos em todo o processo.

- **Criar metas de acordo com cada departamento** – Cada um tem a sua função e cada departamento tem uma missão. O líder precisa respeitar a individualidade de cada um e deixar claro que o desempenho individual impacta no resultado de toda a equipe no departamento responsável.
- **Jamais criar metas inalcançáveis** – É perda de tempo pedir aos colaboradores para focar algo que não é possível de se conseguir. As metas precisam ser alcançáveis. Analise as possibilidades de acordo com a situação econômica do país, se o custo do investimento tem probabilidade de ter retorno e se os colaboradores estão realmente preparados para abraçar as funções.
- **Analisar se as metas estão corretas** – Ao longo do caminho, pode ocorrer a necessidade de mudança dos planos preestabelecidos. Tudo muda o tempo todo e, por motivos que fogem ao controle, as metas precisam ser avaliadas diariamente.
- **Administrar conflitos de equipe** – Orientar a equipe sobre a função individual de cada um é uma questão indispensável. Todos os colaboradores devem se sentir úteis e valorizados, caso contrário, pode-se perder tempo para se aparar as arestas, com discussões pelo ego de alguns e mal-entendidos que atrasarão o desenvolvimento da empresa e, por conseguinte, a desestimulação dos membros das equipes.

Capítulo 23 - Respeito

Essa palavra vem do latim *respectus*, particípio passado de *respicere* – "olhar outra vez" –, de *re-* – "de novo" – mais *specere* – "olhar". "A ideia é de que algo que merece um segundo olhar em geral merece respeito."[5]

Respeito é um freio, um limite. Para que possamos dar respeito a alguém, precisamos primeiro ter respeito conosco. É sabermos até onde conseguimos ir naquele momento. Tudo no seu tempo. O importante é apenas não parar.
Marcela Argollo

O autorrespeito é a raiz da disciplina; a noção de dignidade cresce com a habilidade de dizer não a si mesmo.
Abraham Lincoln

Quando vejo uma criança, ela inspira-me dois sentimentos: ternura, pelo que é, e respeito, pelo que pode vir a ser.
Louis Pasteur

A nova cultura começa quando o trabalhador e o trabalho são tratados com respeito.
Máximo Gorky

---

5 Jorge Henriques Teixeira da Rocha (Macapá-AP).

A arte do equilíbrio

A primeira lição sobre respeito começa por nós. Antes de tudo, de todos, precisamos nos respeitar. Jamais podemos nos violentar e fazer coisas só para agradar aos outros e nos desagradar. Devemos ser íntegros conosco e não nos adulterarmos e, em hipótese nenhuma, passarmos por cima dos nossos valores e princípios. Observe as suas atitudes e o quanto se magoa toda as vezes que diz sim a algo para o qual quer dizer não. Você se violenta e depois se arrepende ao passar por cima de você e realizar os sonhos do outro, mesmo que seja momentâneo. Pergunte-se o que deseja, o que quer de verdade e se irá se arrepender depois caso siga em frente para realizar algo que não deseja. O autoconhecimento te ajuda a perceber até onde deve ir e a respeitar os seus limites. Procure ajuda em algo que tem a ver com a sua personalidade.

Respeito é um assunto complexo e muito profundo. Cada indivíduo teve a sua educação em casa, os exemplos dos pais e a formação acadêmica no decorrer da vida. Respeito não é apenas dizer palavras prontas, como: obrigado, por gentileza, com licença, bom dia, boa tarde, boa noite etc.; é algo que vai além das palavras.

Antes de qualquer coisa, como já dito, precisamos aprender a nos respeitar, e isso leva tempo. É um processo longo entender que, se não respeitamos as nossas vontades, os nossos desejos e as nossas limitações, não tem como respeitar o próximo. O respeito é original e não criação para os outros apreciarem. Aprender a dizer não faz parte desse amadurecimento. Ter respeito pelo outro não é dizer "sim" a tudo, mas saber dizer "não" quando necessário, com educação, de maneira que o outro possa aceitar bem, contudo, se o outro não aceitar, passa a ser um problema dele, pois a frustração também faz parte do crescimento.

Sermos nós mesmos, falar o que pensamos primeiramente é nos respeitar. Quando deixamos de olhar para dentro da gente, fica impossível agir com respeito. De nada adianta anular-se para agradar ao mundo. São muitos pontos importantes, desde cuidar de si mesmo, da saúde, do corpo, dos relacionamentos, dos amigos, dos familiares, dos idosos, das crianças, da natureza e do meio ambiente. Agir com civilidade é a maior prova de respeito. Se uma pessoa tem alguma dificuldade, mesmo intelectual, você pode ajudá-la e não julgá-la. Respeitar é um ato de delicadeza, de empatia e compaixão. Não é se colocar no lugar do outro, pois isso é impossível. O respeito é apoiar e ajudar o outro no que ele precisa.

Outro ponto importante é cuidar do meio ambiente em que vivemos com ações. Podem ser até atos pequenos, como não jogar lixo nas ruas, reciclar o lixo em casa e na empresa, jamais jogar nenhum material nos mares, nos rios e lagos etc. Transformar a sua empresa num ambiente mais sustentável, com certeza, mostra que você é uma pessoa respeitosa. É preciso praticar a sustentabilidade no banho, nos hábitos diários de lavar roupas, no ato de escovar os dentes, na forma de lavar louças, calçadas, carros e demais coisas. Uma criança criada em um ambiente que respeita o meio ambiente terá mais chance de ser uma pessoa melhor para o mundo. Não adianta dizer ao seu filho (ou filha) que jogar sujeira nas ruas é errado se você joga a bituca de cigarro nas calçadas ou nas ruas. A bituca de cigarro é uma das maiores vilãs ambientais. Informações do site eCycle afirmam que, "segundo a Organização Mundial da Saúde (OMS), o número estimado de fumantes no mundo é de 1,6 bilhão. Essa enormidade de pessoas joga fora, de acordo com informações da Autoridade para as Condições de Trabalho (ACT), 7,7 bitucas de cigarro por dia, ou seja, são cerca de 12,3 bilhões de bitucas descartadas diariamente". De acordo com o relatório da NBC News, "a bituca de cigarro polui mais o oceano do que sacolas e canudos de plástico". É urgente refletirmos sobre isso e lembrar, todos os dias, que uma criança precisa de exemplos para aprender e enraizar as boas ações.

Um líder respeita os seus liderados; é gentil, humano e não os humilha na frente dos outros. Costumo dizer que aceito elogio em público, mas crítica só em particular. É muita falta de respeito constranger um colaborador na frente de outros para humilhá-lo com o intuito de mostrar que tem poder. O verdadeiro poder de um líder é através de atitudes respeitosas, conseguindo estimular e incentivar a todos a darem o seu melhor com entusiasmo. Se em uma empresa há vários profissionais com a mesma hierarquia, respeito está relacionado com honestidade, lealdade e tolerância.

Capítulo 24 – Prosperidade e Abundância

Etimologicamente, a palavra "prosperidade" se originou a partir do latim *prosperitate/prosperare*, que significa "obter aquilo que deseja". Por sua vez, o termo latino é formado pela junção dos elementos *pro* – que quer dizer "a favor" – e *spes*, que significa "esperança".

A palavra "abundância" vem do latim *ab* – que significa "fora", "para fora" – e *undare*, ligado à palavra "onda", isto é, significa "fluir", "ondular". De certa forma, a etimologia de abundância nos mostra que o termo envolve o "ato de transbordar, fluir de dentro para fora".

> Quando a alma está feliz, a prosperidade cresce, a saúde melhora, as amizades aumentam, enfim, o mundo fica de bem com você! O mundo exterior reflete o universo interior.
> *Mahatma Gandhi*

> O princípio fundamental necessário para você tornar-se um investidor próspero é gastar menos do que ganha.
> *Howard Dayton*

> Qualquer pessoa que contribui para a prosperidade deve prosperar em sua vez.
> *Earl Nightingale*

> A gratidão desbloqueia a abundância da vida. Ela torna o que temos em suficiente, e mais. Ela torna a negação em aceitação, caos em ordem, confusão em claridade. Ela pode

A arte do equilíbrio

transformar uma refeição em um banquete, uma casa em um lar, um estranho em um amigo. A gratidão dá sentido ao nosso passado, traz paz para o hoje e cria uma visão para o amanhã.
Melody Beattie

O que é a abundância? Um nome, nada mais; ao sensato basta o necessário.
Eurípedes

O que a mocidade deseja, a velhice o tem em abundância.
Johann Goethe

Eu vim para que tenham vida e a tenham em abundância.
Bíblia Sagrada

A vida de cada um não está na abundância das coisas que possui.
Jesus Cristo

As etimologias das palavras "prosperidade" e "abundância" se complementam, pois a primeira representa obter aquilo que desejamos, já a segunda é deixar fluir de dentro para fora. Sim, todos desejam prosperar, mas a abundância nos diz que devemos deixar fluí-la de dentro de nós. Nada virá nem sairá de nós se não acreditarmos. A conquista pelo que queremos começa na fé e na crença de que somos capazes. Prosperar por prosperar, talvez para mostrar para outros a riqueza que se tem, não tem nenhuma importância e fundamento. Agora, prosperar e ter abundância para ajudar as pessoas, construir pontes fortes e melhorar a vida de quem te cerca, ou mesmo melhorar a sua cidade e o mundo, com certeza, terá resultados sólidos e difíceis de destruir.

Li em algum lugar algo muito marcante: "Assim como gentileza gera gentileza, felicidade gera prosperidade!". Como já dito em outro capítulo, sobre a felicidade, é nítido que não somos felizes o tempo todo, que podemos ou não estar satisfeitos em certos momentos da vida. Esse pensamento define que executar um trabalho do qual gostamos nos possibilita mais situações felizes. Acordamos mais animados, com vontade de ir trabalhar, de realizar e, por consequência, prosperar e usufruir de abundância material, emocional e nos relacionamentos.

Ter uma vida próspera, segundo a Bíblia, não é ser um milionário ostentador, mas sim ter o suficiente para cada dia sem a necessidade de mendigar. Cada um interpreta o livro sagrado de acordo com os seus interesses. Para alguns, prosperidade é ter um trabalho de que gosta, conseguir pagar todas as contas mês a mês, sem ter dívidas, com comida na mesa, escola boa para os filhos, viagem pelo menos uma vez ao ano e reuniões com os amigos num churrasco, cerveja e música boa. A abundância é representada pela fartura de comida, bebida e alegria.

Para outros, prosperidade é ter uma conta bancária recheada de notas altas, bebidas caras, joias, carros importados, roupas de marca, celulares de última geração e demais aparelhos eletrônicos. Mas nem sempre essas coisas indicam prosperidade, e sim apenas fartura. Prosperidade é muito mais do que ser afortunado, bem-sucedido. Ser uma pessoa próspera é estar feliz com o que se tem, com o que se é, com suas conquistas. Todos os seres humanos almejam a prosperidade, almejam atingir padrões de vida que lhe proporcionam estabilidade emocional e enlevo, por isso, não é fácil conquistá-la caso, no íntimo da pessoa, ela não valorize o que tem no momento.

A arte do equilíbrio

Ganhar uma promoção, um aumento de salário e outros avanços podem causar o estado de prosperidade. Agora, se a pessoa, mesmo ao conquistar o que deseja, não tem gratidão e o sentimento da alegria, poderá ter abundância de riquezas materiais e sucesso, mas faltará a prosperidade da felicidade e provavelmente da saúde, pois a infelicidade, o mau humor, a ingratidão e a ganância adoecem a alma e o corpo.

Em todas as passagens de ano, vemos pessoas usando amarelo, acendendo velas e procurando recursos que as auxiliam nas superstições para atrair prosperidade. A maioria esquece que prosperar não é necessário só na área financeira, mas em várias áreas, como amor, saúde e bem-estar, vitalidade, energia, disposição, qualidade de vida, harmonia na família, harmonia com os amigos e com a sociedade em geral. Pode-se pedir prosperidade para o lado profissional, bem como realização pessoal. O sucesso financeiro não acontece por um milagre, de um dia para o outro. É necessário haver sacrifício, muito trabalho e fé.

No campo da religião, segundo a Bíblia, quem ama a Deus será próspero porque o que Deus nos dá é muito melhor. Não tem conotação com ter carros, mansões, dinheiro, um negócio de sucesso, fama etc. É diferente na Bíblia a abordagem da prosperidade com relação aos objetivos mundanos. Em Mateus 6:19-21:

> Não acumulem para vocês tesouros na terra, onde a traça e a ferrugem destroem e onde os ladrões arrombam e furtam. Mas acumulem para vocês tesouros nos céus, onde a traça e a ferrugem não destroem e onde os ladrões não arrombam nem furtam. Pois onde estiver o seu tesouro, aí também estará o seu coração.

A arte do equilíbrio

É explícito nesse versículo que as coisas materiais podem ser destruídas, furtadas, mas o que é espiritual nada destrói. Do pó viemos e ao pó voltaremos. A ferrugem e a traça destroem o material, mas não destroem a fé, os bons sentimentos e o amor do coração.

Ter milhões de reais na conta bancária deve ser um inferno quando não se tem fé, quando não se tem uma crença espiritual, não digo ter uma religião, mas crer em algo ajuda a manter a humildade, a olhar para o outro, a fazer o bem e a doar-se. A paz vem da busca interior, e é preciso alimentá-la com orações, com ações bondosas, com meditação, com boas palavras, com empatia e compaixão. Nos versículos abaixo, Deus deixa clara a importância de se cuidar da espiritualidade:

> O Senhor é o meu pastor; de nada terei falta.
> *Salmos 23:1*

> "Porque sou eu que conheço os planos que tenho para vocês", diz o Senhor, "Planos de fazê-los prosperar e não de causar dano, planos de dar a vocês esperança e um futuro."
> *Jeremias 29:11*

> O meu Deus suprirá todas as necessidades de vocês, de acordo com as suas gloriosas riquezas em Cristo Jesus.
> *Filipenses 4:19*

> Portanto, não se preocupem, dizendo: "Que vamos comer?" ou "Que vamos beber?" ou "Que vamos vestir?" Pois os pagãos é que correm atrás dessas coisas; mas o Pai celestial sabe que vocês precisam delas. Busquem, pois, em primeiro lugar o Reino de Deus e a sua justiça, e todas essas coisas serão acrescentadas a vocês.
> *Mateus 6:31-33*

A arte do equilíbrio

Não deixe de falar as palavras deste Livro da Lei e de meditar nelas de dia e de noite, para que você cumpra fielmente tudo o que nele está escrito. Só então os seus caminhos prosperarão e você será bem-sucedido. Não fui eu que ordenei a você? Seja forte e corajoso! Não se apavore nem desanime, pois o Senhor, o seu Deus, estará com você por onde você andar.
Josué 1:8-9

E, quando Deus concede riquezas e bens a alguém e o capacita a desfrutá-los, a aceitar a sua sorte e a ser feliz em seu trabalho, isso é um presente de Deus.
Eclesiastes 5:19

Sei o que é passar necessidade e sei o que é ter fartura. Aprendi o segredo de viver contente em toda e qualquer situação, seja bem alimentado, seja com fome, tendo muito, ou passando necessidade. Tudo posso naquele que me fortalece.
Filipenses 4:12-13

Como é feliz quem teme o Senhor, quem anda em seus caminhos! Você comerá do fruto do seu trabalho e será feliz e próspero.
Salmos 128:1-2

Como é feliz aquele que não segue o conselho dos ímpios, não imita a conduta dos pecadores, nem se assenta na roda dos zombadores! Ao contrário, sua satisfação está na lei do Senhor, e nessa lei medita dia e noite. É como árvore plantada à beira de águas correntes: Dá fruto no tempo certo e suas folhas não murcham. Tudo o que ele faz prospera!
Salmos 1:1-3

A arte do equilíbrio

É comum a expressão "nadar na abundância ou em dinheiro" ser dita pelas pessoas quando querem expressar que alguém tem uma notável quantidade de riquezas. Essa abundância é admirada quando a conquista vem de meios lícitos. Quando a conquista vem de maneira ilícita, não é aplaudida e muito menos admirada. Há quem diz que sente repulsa por pessoas endinheiradas, o que é interpretado pelos ricos como pessoas invejosas e frustradas. Diante dessa questão sobre o olhar das pessoas, é impossível agradar a gregos e troianos. Por consequência da injustiça social, uns com tanto, outros com tão pouco, a pessoa que adquire riqueza passa a ser julgada como desonesta e mau-caráter por conquistar tantos bens materiais.

Da mesma forma que a prosperidade não deve ser um objetivo apenas relativa à riqueza, a abundância também não. Entre ter abundância financeira e abundância na saúde, eu fico com a saúde. Você pode ter todo o dinheiro do mundo, mas, se não gozar de saúde, de nada adianta.

Não podemos esquecer a abundância espiritual, porque é ela que nos move, nos alimenta e nos fortalece para conquistarmos abundância em todas as áreas da vida.

Veja a seguir citações na Bíblia sobre abundância:

> Haja fartura de trigo por toda a terra, ondulando no alto dos montes. Floresçam os seus frutos como os do Líbano e cresçam as cidades como as plantas no campo.
> *Salmos 72:16*

> Cuidas da terra e a regas; fartamente a enriqueces. Os riachos de Deus transbordam para que nunca falte o trigo, pois assim ordenaste. Encharcas os seus sulcos e aplainas os seus torrões; tu a amoleces com chuvas e abençoas as suas colheitas. Coroas o ano com a tua bondade, e por

A arte do equilíbrio

onde passas emana fartura; fartura vertem as pastagens do deserto, e as colinas se vestem de alegria. Os campos se revestem de rebanhos, e os vales se cobrem de trigo; eles exultam e cantam de alegria!
Salmos 65:9-13

E Deus é poderoso para fazer que toda a graça lhes seja acrescentada, para que em todas as coisas, em todo o tempo, tendo tudo o que é necessário, vocês transbordem em toda boa obra. Como está escrito: "Distribuiu, deu os seus bens aos necessitados; a sua justiça dura para sempre". Aquele que supre a semente ao que semeia e o pão ao que come também lhes suprirá e multiplicará a semente e fará crescer os frutos da sua justiça. Vocês serão enriquecidos de todas as formas, para que possam ser generosos em qualquer ocasião e, por nosso intermédio, a sua generosidade resulte em ação de graças a Deus.
2 Coríntios 9:8-11

Os planos bem elaborados levam à fartura; mas o apressado sempre acaba na miséria.
Provérbios 21:5

Então lhes disse: "Cuidado! Fiquem de sobreaviso contra todo tipo de ganância; a vida de um homem não consiste na quantidade dos seus bens".
Lucas 12:15

A abundância é maravilhosa desde que seja honesta e resultado de um trabalho lícito e direcionado para o bem. O preço a se pagar da lei do retorno, quando a prosperidade e a abundância financeira são adquiridas desonestamente, será alto. Pense se vale a pena!

Capítulo 25 - Saúde

Saúde é o primeiro pilar da nossa morada carnal. Sem ela não conseguimos alcançar nada do que queremos e/ou precisamos.

A saúde pode ser dividida em:

- saúde física;
- saúde mental;
- saúde financeira;
- saúde relacional; e
- saúde espiritual (segundo Marcela Argollo).

> Amai, porque nada melhor para a saúde que um amor correspondido.
> **Vinicius de Moraes**

> O cara só é sinceramente ateu quando está muito bem de saúde.
> **Millôr Fernandes**

> A felicidade e a saúde são incompatíveis com a ociosidade.
> **Aristóteles**

> Tão fiel fui ao glorioso ofício que perdi o sono e a saúde.
> **Dante Alighieri**

> Resolvi ser feliz porque é melhor para a saúde.
> **Voltaire**

Nós seres humanos temos três cérebros: o próprio cérebro, o coração e o intestino, que só nos deixa bem se for bem alimentado, literalmente. Todos eles estão interconectados e um só consegue funcionar bem se os demais estiverem alinhados e equilibrados. O nosso grande desafio é darmos as funções corretas para cada cérebro.

O coração é o cérebro que planeja a médio e longo prazos (são os nossos sonhos). Correlacionando com uma empresa: é a alta gestão e o *board* (conselho de administração). A mente é a executora, aquela que executa a curto prazo o que foi planejado a longo prazo. Correlacionando com uma empresa: são as gerências. O intestino é aquele que dá saúde vital para nós. Correlacionando com uma empresa: é a tesouraria (fluxo de caixa) e o comercial, aqueles que darão fôlego para a empresa operar.

Saúde física

Se você fizer exercícios físicos todos os dias, tornar-se-ão um hábito. Problemas emocionais se manifestam no físico, pois somos seres integrados. O corpo fala e adoece para que você olhe para ele. Exercite-se, movimente-se, e os resultados virão. Cuidar e manter a saúde física requer força de vontade e perseverança. Não é nada fácil abrir mão dos prazeres momentâneos da vida, principalmente quando não podemos. Quando há um diagnóstico de doença, o qual impede a pessoa de poder comer um alimento que ama, por exemplo, o desejo aumenta pelo proibido. Gostamos do que é proibido, do que nos envenena. O mundo atual produz alimentos que nos destroem com o tempo. Infelizmente só na velhice ou a partir da meia idade que as consequências aparecem no físico. Aí lamentamos as doenças, nos sentimos injustiçados e culpamos Deus. Mas e a sua parte? A sua responsabilidade consigo mesmo?

Para que seu organismo funcione perfeitamente, é preciso cuidar dele, mas existem diversos fatores que podem causar problemas de saúde, como: maus hábitos, genética, autoestima, nutrição, ânimo e infelicidade crônica. Doenças genéticas, como já dizem, podem ocorrer mesmo que a pessoa tenha hábitos saudáveis, faça exercícios físicos e seja alegre na maioria do tempo. Mas, com certeza, essa pessoa animada e com fé terá mais chances de se recuperar do que outra que se entrega e desiste de lutar.

Os maus hábitos são responsáveis pela maioria das doenças que acometem as pessoas. Comer *fast-food* todos os dias vai causar danos irreversíveis para a saúde. O discurso de que a vida é minha, eu faço o que eu quiser com o meu corpo, como fumar, beber exageradamente, comer alimentos maléficos e não fazer nenhuma atividade física, vai prejudicar a si mesmo e as pessoas que convivem com você. É muito egoísta você só pensar em si mesmo e, depois, quando estiver doente, dar trabalho a quem diz que ama. Cuidar da saúde física é dar amor a si mesmo e às pessoas que estão próximas ou vivendo com você.

Você pode estar pensando: O que ela tem a ver com a minha vida? Sim, não tenho nada a ver, mas quero o seu bem. Talvez você que esteja lendo este livro não me conheça e eu não o conheça, mas isso é o que menos importa para mim. Quero te ver bem e com saúde. Mesmo que eu nunca te encontre ou conheça, repito, desejo-lhe saúde e que entenda sobre a importância de se cuidar. Uma pessoa irresponsável com os seus hábitos, que acredita que com ela nada de ruim vai acontecer, um dia vai colher as implicações no decorrer da vida.

De acordo com o IBGE, 84% dos jovens brasileiros são sedentários e cerca de 47% dos brasileiros também o são. O Brasil ocupa a quinta posição no ranking mundial dos países mais sedentários. Esse dado é bem contraditório diante das possibilidades que o país oferece para as pessoas se exercitarem. Temos praias, praças, piscinas municipais, além de a própria internet ter vários exemplos de exercícios para praticar. Entendo que o trabalho absorve muito do nosso tempo, o caminho até o trabalho, muitas vezes, é distante. Muitos precisam pegar vários transportes para chegar em casa ou para irem para o trabalho e, portanto, a última coisa que pensam é fazer exercício físico. Viver não é só trabalhar e ganhar dinheiro. Viver é amar-se, cuidar-se com foco em uma velhice ativa e próspera na saúde. Por isso, é importante que as empresas ofereçam, aos seus funcionários, rotineiramente, momentos para alongamento, opções de esportes e/ou aparelhos para a prática de exercícios. Com certeza, uma academia de ginástica dentro do próprio escritório faz os olhos dos colaboradores brilharem. Uma empresa que pode oferecer esse agrado mostra nitidamente que está preocupada com a saúde de todos. Algumas empresas proporcionam horários de alongamento, nos quais um fisioterapeuta atende àqueles que querem se alongar durante o horário do trabalho. No caso do trabalho home office, pode ocorrer um acomodamento das pessoas, e uma forma de a empresa apoiar seus colaboradores é conseguir uma parceria com uma academia de ginástica ou mesmo fazer alongamentos on-line em determinada hora combinada. Esses cuidados demonstram carinho, respeito e incentivo. Seguem dicas para o líder passar aos liderados:

- Beber muita água.
- Manter uma alimentação saudável.
- Utilizar equipamentos seguros, quando são obrigatórios.
- Fazer exercícios físicos e alongamento.

- Optar sempre, no trabalho home office ou no escritório, por espaços adequados; mesas e cadeiras confortáveis, que não prejudiquem a coluna; respeitando sempre as indicações da função que exerce.

Parecem óbvias essas dicas, mas, quando negligenciadas, podem causar problemas sérios de saúde física e laborais. É melhor prevenir do que remediar. Quando uma empresa se preocupa com a saúde de seus colaboradores, ajuda-os a desenvolver bons hábitos e, por consequência, aprender a cuidar mais da saúde como um todo. Eles se sentem valorizados mesmo com o apoio da tecnologia e dos robôs, pois sentirão que são os seres humanos os combustíveis para manter a máquina e a logística funcionando.

Os impactos na rotina de uma empresa são enormes quando os colaboradores ficam doentes, sendo o absenteísmo uma das principais causas, pois eles podem estar desanimados ou até impossibilitados de trabalhar por problemas de saúde. As doenças laborais, como Lesão por Esforço Repetitivo (LER), Distúrbios Osteomusculares Relacionados ao Trabalho (DORT), causam o afastamento por auxílio doença pelo Instituto Nacional de Seguro Social (INSS) no Brasil. Essas doenças físicas chamam a atenção e são mais visíveis porque, muitas vezes, incapacitam a locomoção dos profissionais. Por esses motivos, reforço a importância de cuidar dos seus colaboradores, assim, eles perceberão que são vistos como seres humanos antes do profissional. Lembre-se: "Amai-vos uns aos outros como a ti mesmo" – Jesus Cristo.

A importância da alimentação saudável

Os especialistas afirmam que o intestino é nosso segundo cérebro, por isso devemos nos preocupar em ter uma alimentação saudável, o que contribui para o bom funcionamento do corpo de forma geral. Como nosso intestino é constituído por aproximadamente meio milhão de neurônios, é preciso ter consciência de que o intestino é o responsável pelo nosso bem-estar físico e emocional. Uma alimentação orgânica e balanceada é a chave para que esse órgão não inflame, pois, se isso ocorre, pode causar muitas doenças e desequilíbrios na saúde como um todo.

Você sabia que existe uma relação entre as sinapses neurais do intestino e as sinapses neurais do cérebro? Segundo a ciência, o eixo cérebro-intestino é responsável pela comunicação bidirecional através dos sistemas nervoso e entérico, ambos colaboram com o funcionamento um do outro. Muitas pessoas alimentam-se tão mal que ficam inchadas, inflamadas e acham que é apenas gordura.

A seguir, dicas importantes para mudar seus hábitos e ter uma vida mais saudável:

- Alimentos saudáveis ajudam a combater a má nutrição, as doenças crônicas não transmissíveis (DCNT), como diabetes, câncer, AVC e doenças cardiovasculares.
- Deixar de fazer atividades físicas e comer alimentos ruins à saúde são as principais causas de doenças.
- Amamentar o bebê é muito importante para a melhoria do desenvolvimento cognitivo e benefícios a longo prazo, pois reduz o risco do desenvolvimento de DCNT, sobrepeso e obesidade.
- Não se deve exceder 30% da ingestão calórica total para se evitar o ganho de peso, pois é preciso equilíbrio entre o que se gasta e o que se come. As gorduras

saturadas devem representar até 10% da ingestão total. Já a gordura trans, produzida industrialmente, deve ser consumida no total de apenas 1%.
- O consumo de açúcares livres deve ser limitado a 5% da ingestão total.
- De sal, devem ser ingeridas apenas 5 gramas diárias, pois essa quantidade ajuda a prevenir AVC, doenças cardiovasculares e hipertensão. Os Estados Membros da Organização Mundial da Saúde (OMS) indicam a redução do consumo de sal em 30% da população mundial até 2025. Essa redução pode evitar o aumento da diabetes e da obesidade entre crianças e adultos.

Se o seu desejo é envelhecer com saúde e com disposição, você precisa cuidar, desde já, da sua saúde através da alimentação adequada. Atualmente, está mais do que comprovado que exercícios físicos e boa alimentação são responsáveis por uma vida longínqua e com benefícios. Comer *fast-food* toda semana, doces sem limite, beber refrigerantes, bebida alcoólica, produtos industrializados vão destruir o seu organismo. Então, mude agora enquanto há tempo!

Saúde mental

> Negligenciar a saúde mental pode ter um preço alto para o seu corpo no futuro. [...] Às vezes a gente não precisa de um plano, precisamos apenas tirar um tempinho para cuidar da nossa mente e do nosso corpo. [...] Cuide da sua saúde mental. Cada situação que você superou foi necessária para chegar ao momento atual. E cada momento de sua vida, incluindo este agora, possui uma nova chance para recomeçar. [...] Cuidar da sua saúde mental deve ser uma das suas prioridades. Uma mente sã é muito mais feliz.
> *Marianna Moreno*

Sem saúde mental, o corpo padece. Esquecemos que a mente adoece, que o cérebro adoece. Os motivos são vastos, mas o principal é como lidamos com as nossas emoções. O que nos adoece a mente, na maioria das vezes, é como sentimos a raiva, a tristeza, a alegria, a frustração, a felicidade etc. Como você reage às mudanças, às expectativas e aos desafios da vida? Um dos pilares do sucesso é cuidar da mente, procurar apoio e ajuda de profissionais que vão te auxiliar a administrar as suas reações nos acontecimentos de sua vida.

Perdemos muito tempo por acreditar que sozinhos conseguiremos nos conhecer profundamente. Conheço pessoas que vivem em estado de negação, sem aceitar fazer terapia ou procurar outra ajuda qualquer. O medo de olhar-se, de encarar quem você é de verdade, faz com que a vida passe por si e perca o controle dela. Viver a vida intensamente não é achar que sabe tudo, que é o dono da verdade. A mente precisa de humildade para ser feliz. Estar aberto a conhecer o novo, a coragem para se desconstruir e enfrentar os seus demônios são fundamentais para alavancar o seu eu. Sim, temos que crescer e aprender todos os dias, analisar o que somos, o que sentimos e o que estamos fazendo no mundo. Não se iluda ao achar que estudar incansavelmente, conquistar diplomas e ser PhD em algo o tornarão uma pessoa melhor e equilibrada. A evolução da mente precisa de autoconhecimento e de coragem. Existem muitas pessoas letradas que são péssimos líderes, que tratam mal os seus familiares, que humilham os colaboradores e que aparentemente parecem pessoas bem resolvidas e analisadas, mas, na realidade, não sabem quem são e vivem infelizes.

A mente ainda é um mistério, existe um lado que não podemos controlar, mas em nossa consciência devemos ser equilibrados e melhorar como seres humanos. Digo isso porque vejo pessoas dizerem que são assim, pronto e acabou. Elas podem ser do jeito que querem, sozinhas, em particular, agora, quando convivemos, precisamos respeitar o outro, a opinião do outro, o que faz mal ao outro. Se o meu jeito de ser incomoda as pessoas, tem duas possibilidades: 1. afastar-se de todo mundo e viver como se fosse uma ilha; ou 2. melhorar como pessoa, ouvir os outros e mudar para conviver em harmonia.

Muitos transtornos mentais surgem do desequilíbrio emocional, da falta de bem-estar e harmonia. É preciso ficar atento quando existe a dificuldade de lidar com os acontecimentos de forma tranquila e positiva respeitando os nossos limites e as tribulações.

A mente e o corpo precisam funcionar em harmonia. Uma prova disso ocorreu na época da pandemia de covid-19, quando aumentou muito o número de casos referentes à saúde mental. As empresas passaram a se preocupar e entender como os problemas psicológicos podem afetar as pessoas e seu crescimento profissional. A pandemia de 2020 e 2021 também mostrou questões importantes, como medo de perder a vida e ter um futuro incerto.

Nos anos de 2022 e 2023, o problema mudou para os transtornos ligados à sobrecarga profissional, causando desmotivação, depressão, pânico, desequilíbrio mental e até a Síndrome de Burnout – uma das doenças que mais acometem profissionais no Brasil e no mundo. Qual é a causa? A tensão emocional, o estresse crônico gerados no ambiente de trabalho devido às condições desgastantes emocionais, psicológicas e físicas. Só no Brasil 18% dos brasileiros são vítimas dessa doença e, pasme, são jovens com menos de 30 anos de idade, segundo pesquisa da Universidade de São Paulo (USP), realizada em 2021. Em

1.º/01/2021, a Síndrome de Burnout foi incorporada à lista das doenças ocupacionais reconhecidas pela Organização Mundial da Saúde (OMS).

No Brasil, uma pesquisa comprovou uma incidência de transtornos mentais entre profissionais e carência de ações para resolver o problema. Esse resultado foi encontrado por Paul Ferreira, diretor do mestrado profissional em Administração da FGV-EAESP, Taynã Appel, graduada em Administração de Empresas pela FGV-EAESP e pela Universidade Bocconi, e Inês Hungerbuhler, Head of Clinical Strategy na Gympass, que promoveram o andamento de um estudo a respeito, realizado com o apoio de 572 profissionais, cujo resultado foi publicado na *Revista GV-Executivo* com o objetivo de transformar algo tão negativo em algo positivo e mudar o cenário.

Os pesquisadores, ao longo do estudo, verificaram entre lideranças e organizações:

- Implantação de diferentes benefícios com a pandemia.
- Essas iniciativas são reconhecidas como insuficientes pelos colaboradores e há contrariedade entre o que a empresa comunica e o que de fato é aplicado no dia a dia de trabalho.
- O papel das lideranças deve articular qualquer política focada na saúde mental. Os benefícios com atitudes positivas para os colaboradores são na saúde, no desenvolvimento profissional, na liderança e em auxílios financeiros.
- É muito importante incentivar as conversas para reduzir o deslustre. Assim como aprender a ouvir primeiro com uma escuta presente e oferecer apoio e treinamento em saúde mental.

É possível cuidar da sua saúde mental, que inclui o corpo, o emocional e as relações sociais. Para se manter saudável mentalmente, é preciso simultaneamente estar em harmonia com a boa alimentação, com o equilíbrio emocional e com a prática de exercícios físicos. Ter amor-próprio e autoestima alta está além de vestir-se bem, arrumar os cabelos e estar cheiroso. Cuidar-se em todos os aspectos, principalmente buscar ajuda para crescer espiritualmente e emocionalmente, é prova de que quer ter uma vida saudável, com qualidade perante todos que ama e que te amam.

Seguem algumas dicas para manter a sua mente saudável:

- Alimentar-se corretamente com produtos saudáveis.
- Praticar exercícios físicos.
- Conhecer as próprias emoções e aprender a lidar com elas e como te afetam.
- Procurar respeitar seus limites.
- Não forçar relações que te violentam. Procurar estar com as pessoas que te façam bem.
- Conhecer-se melhor em momentos sozinhos. Aprender a gostar da sua própria companhia.

Saúde financeira

Um líder que não cuida de suas próprias finanças não pode ter a audácia de querer ter seguidores, haja vista que, se um incompetente guiar outro incompetente, ambos alcançaram o mesmo destino final, a saber: o fracasso.

Pablo de Paula Bravin

A arte do equilíbrio

O investimento não é arriscado. É a falta de simples inteligência financeira, a começar pela alfabetização financeira, que leva o indivíduo a ser "muito arriscado".
Robert Kiyosaki

Não importa se sua situação financeira está boa ou ruim. Para criar um futuro próspero, você precisa se planejar.
Samuel Magalhães

A psicologia financeira tem como missão fazer seu dinheiro trabalhar para você, em vez de você trabalhar para ele.
Fagner Gouveia

Mesmo que não se tenha um negócio próprio, o que se espera de quem trabalha nas organizações é que tenha espírito empreendedor e aja como se dono fosse.
Sergio Bulgacov

Este é um assunto muito sério, muito mesmo. Deveríamos, desde crianças, estudar educação financeira nas escolas e em casa com os pais. Saber equilibrar quanto se ganha com o quanto se gasta de dinheiro é um grande desafio. Gastar mais do que se ganha é sinal de que você carece de saúde financeira.

Equilíbrio financeiro é determinante até para se ter saúde física, emocional, social e relacional. Não é raro sabermos de pessoas que adquiriram doenças psíquicas e emocionais devido às dívidas. Dever para qualquer entidade ou pessoa causa uma sensação de impotência e falta de estímulo para seguir em frente. É claro que acasos e contratempos podem acontecer ao longo da vida, como o caso da pandemia, na qual muitas pessoas perderam os seus negócios e adquiriram dívidas.

Agora, gastar por gastar achando que está aproveitando a vida pode ocasionar problemas sérios e difíceis de resolver. É possível usufruir a vida com consciência e sabedoria dentro do valor que você recebe pelo seu trabalho. Para que isso ocorra, vou dar umas dicas:

- Primeiro passo: ter uma fonte de renda.
- Avaliar o seu padrão de vida de acordo com a realidade do quanto ganha.
- Analisar as suas receitas e as despesas amiúde.
- O mais importante e básico: gastar menos do que ganha.
- Procurar sempre pagar as contas em dia.
- Organizar-se para poupar e investir dinheiro mensalmente ou quando for possível.
- Ter uma reserva de emergência é fundamental.
- Planejar a sua aposentadoria.
- Fazer planos para curto, médio e longo prazos, equilibrando as despesas que são essenciais e não essenciais.
- Guardar uma parte do dinheiro para viagens e lazer.
- É importante ter seguros de casa, carro, saúde e outros.

Outro fator importante é relaxar e apreciar o que se tem, pois é altamente prejudicial à saúde viver só pensando em dinheiro. O estresse pode causar danos emocionais e diminuir a sua produtividade. Aproveite a vida com equilíbrio e respeito aos seus limites. Essa postura o ajudará a ter uma vida mais leve e com menos preocupação. Estar em dia com os compromissos financeiros, com certeza, lhe dará mais paz e garra para enfrentar novos desafios profissionais.

Pessoas desorganizadas com a vida financeira acarretam uma série de conflitos e problemas pessoais, como: ansiedade, depressão, estresse e doenças, podendo desenvolver hipertensão, insônia, desarmonia familiar e social, brigas diversas, baixa autoestima, falta de amor-próprio, falta de perspectiva no futuro, diminuição do interesse nas demandas de trabalho, incapacidade de sonhar e fazer planos, incômodo de cobranças constantes por endividamento, perda de crédito e de credibilidade nas instituições financeiras, dependência de amigos e familiares, velhice difícil e problemas judiciais.

A saúde financeira não é mérito só de quem tem muito dinheiro, mas de todos, mesmo de quem ganha pouco. Uma pessoa rica que gasta seu dinheiro irresponsavelmente, mesmo que não lhe falte dinheiro, não tem saúde financeira, pois perde o equilíbrio e não tem consciência de seus gastos. Agora, uma pessoa que ganha pouco, mas consegue pagar tudo em dia e cumprir as dicas acima tem saúde financeira. Qualquer pessoa, independente da sua classe social e de sua renda, pode contemplar a felicidade de ter sua saúde financeira em dia.

Sonhar é muito bom, mas nem sempre conseguimos realizar os nossos sonhos. Fazer viagens com os filhos para lugares maravilhosos nem sempre é possível, mas tudo bem se você for viajar para um lugar próximo com alegria e disposição e aproveitar o máximo dentro de suas possibilidades. Agradeça a Deus se tem saúde, amor e harmonia na sua família, o resto conquista-se com trabalho, luta, persistência e dedicação.

Em 2017, psicólogos norte-americanos fizeram uma pesquisa com a seguinte questão: Dinheiro traz felicidade?; sendo ela publicada na revista *Nature Human Behaviour*. Foram avaliados dados de 1,7 milhão de pessoas de 164 países, através da pesquisa internacional Gallup World Poll. Foi descoberto que pessoas bem remuneradas são mais felizes, mas há um limite nessa felicidade, porque quanto mais dinheiro se tem menos se aproveita a vida por falta de tempo e preocupações para se manter o patrimônio. Muitos, ao longo da vida, se arrependem de terem só trabalhado e acumulado bens, pois, na hora da morte, a fortuna foi aproveitada para a compra de remédios e despesas hospitalares.

Saúde relacional

> Saúde relacional é adaptar as circunstâncias ao afeto, e não o contrário.
> *Arly Cravo*

> Acho que a base de uma relação é o respeito e a amizade. Porque a gente tem que se sentir bem para dizer para o outro o que sente, o que espera, o que deseja. Tem que ser amigo, parceiro, cúmplice.
> *Clarissa Corrêa*

> Qual a melhor forma de semear a solidariedade do que mostrar fé em relação a um inimigo?
> *Niklaus Mikaelson*

A saúde relacional é preciosa em nossas vidas. É vital para a nossa saúde como um todo para que tenhamos relacionamentos seguros e nos dê estabilidade, nos estimulando a sermos melhores. Pessoas com luz geralmente atraem pessoas que vivem na escuridão. A explicação é simples. Pessoas sem luz precisam tentar sugar das que a têm, por isso é importante você perceber quais pessoas fazem bem a você e quais não fazem. É desgastante ter que aturar pessoas com má-fé, má índole e que não conseguem somar e colaborar com os outros.

A arte do equilíbrio

Precisamos conviver com o outro desde que o mundo é mundo. Ao nascermos, temos que conviver com nossos pais e irmãos e com parentes. Os pais precisam ensinar os seus filhos a se defenderem na escola, nos eventos cotidianos e na vida. O que aprendemos na infância levamos para toda a nossa jornada. Quando os pais maltratam seus filhos, humilhando-os ou agredindo-os fisicamente, começa aí uma neurose de repetição que, muitas vezes, se repete ao longo da vida dos agredidos, que, quando se tornam jovens e adultos, vão procurar pessoas que lhes tratem da mesma forma como os seus pais o fizeram. Ensinar uma criança que o diálogo e o equilíbrio são fundamentais para enfrentar os dissabores da vida os farão pessoas mais saudáveis, que procurarão relacionamentos saudáveis com pessoas que lhes façam bem.

Se você teve uma família desestruturada, pode mudar a sua história e recomeçar buscando resolver questões internas. Busque ajuda e aprenda a se relacionar com pessoas que te ajudem a ser melhor, a crescer e construir uma vida com saúde relacional. Se você for por esse caminho, começará a pisar em terrenos férteis que promoverão suas qualidades e potencialidades.

Ter relacionamentos com pessoas que te põem para abaixo, que te entristecem e te criticam o tempo todo é se violentar. Não tem problema algum você se afastar dessas pessoas, mesmo que sejam da família, e procurar amizades que te elevam e te proporcionam leveza. A vida não é curta, é suficiente para quem cuida de si mesmo, para quem troca com pessoas sensíveis, gentis e cordiais. Não admita que gritem com você, que te tratem mal e te humilhem. Ame-se acima de tudo e tenha em primeiro lugar uma saúde relacional consigo mesmo para depois estender isso a outras pessoas. Jamais perca tempo com quem não é elegante consigo e com as pessoas ao seu redor.

Digo novamente, por experiência própria, que se conhecer profundamente é transformador. A psicoterapia é um excelente recurso, pois trabalhamos os nossos medos e as nossas angústias e nos libertamos de nossos fantasmas. Com essa libertação, construímos relacionamentos livres de chantagens e ameaças, verdadeiras e autênticas. Você poderá dizer o que sente para as pessoas sem se preocupar com julgamentos e reprovação de outros.

Capítulo 26 - Sonhos

A palavra "sonho" deriva do latim *somnium*, com o mesmo sentido conhecido por nós.

> Sonho é o que sua alma pulsa. Aquilo que faz o seu coração bater mais forte sem explicação. É o seu projeto de vida, aquilo para o que você foi designado, algo para deixar o seu legado.
> *Marcela Argollo*

> Tudo o que um sonho precisa para ser realizado é alguém que acredite que ele possa ser realizado.
> *Roberto Shinyashiki*

> A esperança é o sonho do homem acordado.
> *Aristóteles*

> Quando uma criatura humana desperta para um grande sonho e sobre ele lança toda a força de sua alma, todo o universo conspira a seu favor.
> *Johann Goethe*

> Façamos da interrupção um caminho novo. Da queda um passo de dança, do medo uma escada, do sonho uma ponte, da procura um encontro!
> *Fernando Sabino*

> Eu tenho um sonho. O sonho de ver meus filhos julgados por sua personalidade, não pela cor de sua pele.
> *Martin Luther King*

A arte do equilíbrio

A Esperança não murcha, ela não cansa, Também como ela não sucumbe a Crença, Vão-se sonhos nas asas da Descrença, Voltam sonhos nas asas da Esperança.
Augusto dos Anjos

Quem não sonha não vive, apenas existe. Sonhar nos impulsiona a ter planos para o futuro. A maioria dos sonhos não depende somente de nós mesmos. Para realizá-los, precisamos ter apoio e trabalhar duro com a colaboração de outras pessoas. O cantor e compositor Raul Seixas, em sua sabedoria, deixou-nos a pérola: "Sonho que se sonha só É só um sonho que se sonha só Mas sonho que se sonha junto é realidade".

A música do saudoso músico chama-se "Prelúdio", termo originário do latim *praeludium*, que significa o início de algo. Para iniciarmos o processo da realização do nosso sonho, temos que tirá-lo do papel e pedir a colaboração de outras pessoas, pois somente compartilhando o transformaremos em um objetivo coletivo, afinal, "uma andorinha só não faz verão", como disse Miguel de Cervantes na obra *Dom Quixote*; frase que inspirou Raul Seixas a criar a dele.

É muito bom quando agregamos pessoas que têm o mesmo sonho que a gente, pois fortalece a causa, o objetivo torna o sonho palpável. Ver algo nascendo, se materializando, dá sentindo à vida. Mas, mais que sonhar, o importante é colocar em prática o que se cria na cabeça. Mesmo que seja lento o processo, não importa, o importante é acreditar e fazer do sonho realidade não mais individual, e sim de todos que queiram sonhar junto.

Quando morremos, deixamos o nosso legado. As futuras gerações dirão que você ousou realizar os seus sonhos e lutar por eles. Fica para sempre a mensagem positiva de que a vida é luta e devemos enfrentá-la com sabedoria. Martin Luther King Jr. tinha o sonho de ver os seus filhos serem julgados pela personalidade e não pela cor da pele. Infelizmente, ele morreu lutando por isso e ainda falta muito, mesmo em pleno século XXI, para que os negros tenham os mesmos direitos que os brancos. Muitos sonham o mesmo que King, mas as adversidades etnorraciais não param de crescer e a desigualdade social afeta o Brasil em todos os sentidos. Mais da metade da população brasileira é representada por negros, e ainda não vemos um número expressivo de pessoas negras em cargos executivos, como diretoria e gerência. Esse deve ser um sonho de todos nós e juntos podemos realizá-lo.

Maior exemplo de que sonhar é vital e devemos acreditar nos sonhos foi o produtor de desenhos animados, diretor, roteirista e dublador norte-americano Walter Disney, conhecido pela abreviação Walt Disney (1901-1966). Ele deixou-nos a pérola repetida até hoje por milhares de pessoas: "Todos os nossos sonhos podem-se realizar, se tivermos a coragem de persegui-los".

Os sonhos são reflexos das vontades do nosso coração, da nossa emoção e da nossa real essência do ser. Acredite em você, porque, se sonhar, pode acontecer.

Capítulo 27 - Sistêmico

A origem da palavra "sistêmico" vem do inglês *systemic*.

> É a habilidade de entender que tudo está relacionado. Que a sua ação reflete diretamente em você, em outras pessoas e no ambiente em que você está inserido.
> **Marcela Argollo**

> Visão sistêmica e estratégica é como o olhar predador do falcão. Alguns possuem e é da sua natureza.
> **Paulo Rubini**

> Tu és o sonho de todos os seus antepassados.
> **Bert Hellinger**

> Reverenciar significa que eu reconheço que o outro pertence.
> **Bert Hellinger**

O nome do criador da Teoria Integral é Ken Wilber, considerado um dos filósofos mais importantes da atualidade e um dos pensadores mais influentes dos Estados Unidos em relação ao âmbito da consciência. Esse pesquisador renomado abrange em seus estudos a consciência, a psicologia transpessoal e integral.

> "'Tenho' um corpo, mas 'não' sou meu corpo. 'Tenho' desejos, mas

A arte do equilíbrio

> 'não' sou meus desejos.
> 'Tenho' emoções, mas
> 'não' sou emoções.
> 'Tenho' pensamentos, mas 'não sou meus pensamentos'.
> Sou o que resta, um puro centro de consciência."
>
> *Ken Wilber*

Ken Wilber envolve verdades de diferentes disciplinas e tradições em sua teoria integral. Seguem algumas delas:

- Aproximações psicológicas
- Teorias científicas
- Tradições espirituais
- Aproximações socioculturais
- Teorias filosóficas

Ele enfoca um modelo de consciência que busca a importância de se desenvolver individualmente de forma saudável, desenvolvendo positivamente as nossas capacidades, crescendo em todos os aspectos e se conectando profundamente conosco, com o outro e com a natureza.

No modelo integral é questionada a possibilidade de se alcançar um estado de plenitude ao se conseguir desenvolver a consciência, que nos ajudará a eliminar o sofrimento. Esse modelo não é exclusivo da psicologia. Wilber sugere que as diferentes teorias devem unir-se, havendo, assim, uma convergência de teorias unidas para o bem do desenvolvimento da humanidade.

Em sua teoria do modelo integral, Wilber sustenta que a expressão e o conhecimento de uma pessoa são acomodados em quatro módulos, designados de Aqual, que são: o intencional, o comportamental, o cultural e o social.

Com relação à "visão sistêmica Regenesis", esta é definida pela abordagem holística com o objetivo de transformar os sistemas sociais e ecológicos plugados com o campo do desenvolvimento regenerativo para restaurar e criar parceria simultânea com agrupamentos sustentáveis harmônicos com a natureza, como também resilientes e equitativos.

A interpelação Regenesis trabalha na totalidade dos sistemas, e não em partes isoladas, pois tudo que é independente está interconectado ao mesmo tempo. As alterações em uma parte do sistema podem afetar em outras partes. Alguns significados e algumas idealizações ligados à visão sistêmica Regenesis inserem:

- **Ecologia profunda** – A visão sistêmica Regenesis foca sempre a importância da natureza e dos ecossistemas saudáveis para uma vida saudável do ser humano. Ela está ligada profundamente com o ambiente natural, com a preocupação de proteger a biodiversidade e regenerar a terra, priorizando práticas que protegem a biodiversidade e regeneram a terra, colaborando para a preservação do meio ambiente.
- **Pensamento em círculos** – Em vez de seguir uma abordagem simplista, a visão sistêmica Regenesis considera os ciclos naturais, alinha as atribuições humanas, seguindo períodos dos estágios naturais.
- **Cooperação e parceria** – A abordagem Regenesis procura resolver desafios complexos e incentiva a formação de parcerias que agregam similares perspectivas, habilidades e conhecimento, mesmo quando opostas pelas partes interessadas, sendo o objetivo maior o de resolver os desafios apresentados unindo e desenvolvendo os potenciais talentos.

- **Valorização das pessoas e das comunidades** – A visão sistêmica Regenesis ressalva a importância da inclusão e da diversidade, sempre procurando incentivar e estimular as comunidades para agregar nos processos de decisão as pessoas cujas vidas são afetadas.
- **Resiliência e adaptabilidade** – A abordagem Regenesis projeta processos que facilitam a recuperação e a adaptação durante os processos de crises e desafios. Além disso, corrobora a importância da resiliência para lidar com transformações e alterações.

Geralmente, a visão sistêmica Regenesis é utilizada em projetos de design regenerativo, agricultura sustentável, negócios com responsabilidade social, planejamento urbano e demais áreas que possibilitam a regeneração e a sustentabilidade em toda conformação e aspectos relacionados à vida humana e planetária.

Você tem consciência de que as suas atitudes interferem no planeta, na harmonia do mundo e nas outras pessoas? Consegue entender a importância que você tem para com o todo? Na empresa em que trabalha pratica-se o pensamento sistêmico? Em sua família consegue ensinar aos seus filhos que tudo está interligado, que fazemos parte do planeta, e não o contrário? Se desde criança aprendemos que nossos atos têm consequências boas ou ruins, seremos mais responsáveis em fazer parte do todo com mais cuidado.

São várias questões que precisam ser respondidas e, se nunca parou para pensar sobre isso, que tal começar a pensar agora? É fato que em uma organização tudo está interligado, e uma decisão errada tomada em um determinado setor poderá comprometer e impactar indiretamente ou diretamente toda a estrutura da empresa.

A arte do equilíbrio

O pensamento sistêmico tem como objetivo melhorias com ações mais acertivas como um todo em menos tempo, principalmente para os colaboradores, como também nos setores diferentes, instalações independentes e mesmo terceirizados. O trabalho é direcionado a um objetivo comum, que orienta os profissionais empresários, gestores, empreendedores e demais colaboradores a não focarem apenas seu departamento, e sim, no todo, tendo a consciência de que uma ação, por menor que seja, pode interferir no progresso da organização e no trabalho de todas as equipes.

O funcionamento do pensamento sistêmico não pode ser apenas voltado à vida profissional. Pensar no todo deve ser um ato constante no nosso dia a dia. As nossas atitudes com relação ao planeta e às pessoas que conhecemos ou não fazem parte desse pensamento. Não jogar lixo nas ruas, economizar água, cuidar da natureza, dos animais, não desperdiçar alimento nem produtos quaisquer que sejam, respeitar o próximo, ser gentil, elegante na forma de lidar com as situações e com as pessoas, ser responsável, agir de forma que não prejudique o próximo são alguns dos exemplos.

É preciso compreender que fazemos parte dos que já partiram e dos que ainda vivem, respeitando a nossa ancestralidade. Honrar a nossa história, pois é por causa dela que estamos vivos. Ser sistêmico é um conjunto de fatores urgentes.

Quando não somos sustentáveis, não cuidamos da nossa macrocasa que é o planeta Terra, não pensamos como uma equipe no trabalho e não vivemos em harmonia familiar, estamos longe do pensamento sistêmico. Nenhum ser humano vive isolado, achando que pode fazer o que quer, na hora que quer e porque quer. Você até pode ter o seu jeito de lidar com as coisas, o seu jeito de pensar e de agir, mas o detalhe é não ultrapassar o limite e direito do outro. O seu limite termina onde começa o do outro.

São vários os benefícios do pensamento sistêmico. Vamos conhecer alguns deles:

- Melhora as relações profissionais, dando-lhe mais segurança em suas tarefas.
- Atrai mais o público-alvo.
- Desperta o líder que desconhecia dentro de si e potencializa o líder que você já é.
- Garante maior liberdade no planejamento de suas ações.
- Oferece praticidade para resolver problemas.
- Origina interpretações mais claras e assertivas.
- Conquista mais objetivos.
- Tem consciência das consequências.
- Analisa mais antes de tomar decisões.
- Faz menos julgamentos por parte de todos.
- Compreende os comportamentos alheios.
- Há domínio das consequências.
- Relaciona-se melhor com os colaboradores.
- Há harmonia no trabalho.
- Há harmonia familiar.
- Relaciona-se melhor com amigos.
- Respeita suas escolhas e a dos outros.
- Há conexão positiva com o planeta.

Capítulo 28 - Sustentável

A palavra "sustentável" provém do latim *sustentare* (sustentar; defender; favorecer, apoiar; conservar, cuidar). Sustentabilidade nos dicionários está definida como "a habilidade, no sentido de capacidade, de sustentar ou suportar uma ou mais condições, exibida por algo ou alguém".

> É através das ações e não apenas através da falácia que podemos deixar um mundo melhor para as próximas gerações. É preciso entender que quem planta tâmaras não colhe tâmaras e que temos o dever de cuidar do ambiente em que vivemos.
> *Marcela Argollo*

> Uma empresa não sustentável é insustentável.
> *Fábio Pestana Bezerra*

> Pensar em sustentabilidade é pensar na família, no próximo e em você mesmo.
> *Dijalma Augusto Moura*

> Se você é egoísta o suficiente para não pensar em sustentabilidade, lembre que não estamos querendo salvar o planeta, estamos querendo salvar nós mesmos. O planeta vai conseguir se virar muito bem sem a gente.
> *J. Rafael Zakrzewski*

> Seja a mudança que você quer ver no mundo.
> *Mahatma Gandhi*

A arte do equilíbrio

Ser sustentável não é somente levar as culpas nem só cuidar do meio ambiente, mas também ser socialmente justo, responsável com o meio ambiente e economicamente viável.
Cecilia Goya de Riviello

Podemos dizer que a frase de Cecilia Goya diz tudo, eu não precisaria explorar o tema "sustentável" neste livro, mas me sinto na obrigação de lembrar e relembrar todos os leitores que sustentabilidade não é uma palavra da moda, e sim uma necessidade urgente para que as futuras gerações vivam com qualidade. Falamos tanto sobre o amor, dizemos tanto essa palavra aos quatro ventos, sem muitas vezes pararmos para pensar se sabemos amar de verdade, porque o amor é uma construção diária e cuidar do planeta, para que as futuras gerações usufruam dele com qualidade, é doar-se, dar o melhor de si na forma perfeita do amor.

A sustentabilidade quando praticada se incorpora nos nossos hábitos e não se consegue mais pensar em si mesmo apenas. Cresce e se transforma em algo maior que exala pelo mundo. Parece que fica um anjinho soprando em nossos ouvidos, por exemplo, que não reciclar o lixo em casa, no trabalho é como um pecado, e é mesmo. É um ato desumano não ser sustentável, pois, como seres humanos, devemos pensar não só no presente, mas também no futuro. Com a insustentabilidade, não existirá futuro, nem famílias saudáveis, nem um mundo fértil e consciente.

Segundo o *Relatório Brundtland,* livro da Comissão Mundial sobre Meio Ambiente e Desenvolvimento (CMMAD), os problemas ambientais estão sufocando o planeta e não só nos países de submundo, mas em todo o mundo. O documento mostra o caos com relação ao meio ambiente na Terra e também os problemas do aquecimento global e da camada de ozônio.

A arte do equilíbrio

A CMMAD foi criada pela Assembleia Geral da ONU, em 1983, presidida por Gro Harlem Brundtland, primeira-ministra da Noruega na época, e Mansour Khalid, após transcorrer 10 anos de discussões na Conferência de Estocolmo. O objetivo dessa Assembleia era realizar audiências no mundo todo e discutir assuntos pertinentes ao meio ambiente. Em 1987, o documento Our Common Future (Nosso Futuro Comum), ou, simplesmente, Relatório Brundtland, mostrou-nos uma maneira nova de olhar para o desenvolvimento como o processo que "satifaz as necessidades presentes, sem comprometer a capacidade das gerações futuras de suprir suas próprias necessidades". Após todo esse debate de anos, nasceu o termo "sustentável", um dos temas mais procurados atualmente segundo o Google.

Esse relatório chegou à conclusão de que é incompatível o desenvolvimento sustentável com os padrões de produção e consumo, enfatizando a necessidade de uma renovada relação entre meio ambiente e seres humanos, no entanto, sem eliminar o crescimento da economia. A grande meta a ser conseguida é a de equilibrar a economia com a preocupação latente do lado social e ambiental. Precisamos pensar nas futuras gerações, pois somos finitos, assim como os recursos naturais. Ser sustentável é também ser generoso, responsável e agir com amor.

A sustentabilidade no presente define-se através de três alicerces: ambiental, social e econômica:

- **Sustentabilidade ambiental** – É aquela que envolve toda a sistematização ambiental da terra, havendo equilíbrio, ao mesmo tempo, entre consumo e recursos naturais, para que eles se reabasteçam naturalmente.

- **Sustentabilidade social** – É garantir as necessidades básicas e os direitos humanos de todas as pessoas, por meio do fornecimento da saúde de qualidade, proteção contra a discriminação, respeito aos direitos culturais e trabalhistas da população, o quão suficiente para dar segurança para todas as famílias e comunidades.
- **Sustentabilidade econômica** – É o conjunto de práticas econômicas, financeiras e administrativas, com o objetivo do desenvolvimento econômico de uma empresa, organização e/ou demais instituições, tendo como foco a preservação do meio ambiente para garantir, às futuras gerações, a manutenção dos recursos naturais.

Se o seu objetivo é se tornar um ser sustentável, comece praticando ações possíveis, como usar o transporte público ou a bicicleta mais vezes ou caminhar, equilibrar e reduzir o uso de energia elétrica de uma forma que não haja desperdício. Pense sempre se suas atitudes ajudam a diminuir o impacto ambiental. A seguir estão elencadas dicas de como se tornar uma pessoa sustentável no mundo atual:

- Procure comprar apenas o necessário e pratique o minimalismo, mesmo que seja difícil.
- Se tiver possibilidade, participe da criação ou da manutenção de uma horta comunitária ou crie uma em seu bairro ou em sua casa.
- Recicle seu lixo diariamente. Com o tempo, se tornará um bom hábito e um exemplo para as crianças e para a sua equipe na empresa em que trabalha.
- Apoie e incentive as pessoas em seu local de trabalho a agirem de forma sustentável.
- Opte por tecnologia e materiais sustentáveis.

- Para a economia de energia, uma excelente opção é instalar *timers* e usar lâmpadas com maior eficácia para reduzir o consumo desnecessário.

A sustentabilidade humana do EU é fundamental para conquistarmos as outras. É fundamental desenvolver e exercer a sua inteligência emocional, pois é a capacidade que se tem para viver com respeito, generosidade, amor, solidariedade, empatia, compaixão e, acima de tudo, sentir-se bem consigo mesmo ao enfrentar os problemas que a vida oferece. É pensar nos benefícios das suas ações com relação às gerações futuras e encontrar soluções que darão bons resultados.

Nós, mulheres, temos a energia da construção, da criação, do poder de gerar pessoas para fazer parte do mundo. Temos a sustentação dentro de nós. Devemos exercer o nosso poder para preservar e disseminar a importância da sustentabilidade. Mas todos os seres humanos têm ambas as energias, masculinas e femininas, precisamos ter consciência de que as duas energias se complementam, independente do gênero com o qual a pessoa se identifique. Precisamos focar a força das duas energias em parceria.

Capítulo 29 - Servir

A etimologia torna dura a origem desta palavra: do latim *servitium*, que quer dizer "escravidão, servidão", ou, ainda, de *servus*, "escravo". Talvez porque o ato de servir refere-se aos tempos da monarquia, do império, em que o servir estava condicionado à satisfação das necessidades do soberano e dos seus.

> Espírito de servir é a disposição em ser prestativo e com vontade de fazer o que precisa ser feito. É termos a humildade de ajudar quem precisa do nosso apoio, sempre.
> *Marcela Argollo*

> O dinheiro tem que servir, não governar.
> *Papa Francisco*

> A mais honrosa das ocupações é servir o público e ser útil ao maior número de pessoas.
> *Michel de Montaigne*

> Aquele que quer aprender a ser chefe tem primeiro que aprender a servir.
> *Sólon*

Podemos nos inspirar em Chico Xavier para se aprofundar no que significa verdadeiramente servir:

A arte do equilíbrio

> Três verbos existem que, bem conjugados, serão lâmpadas luminosas em nosso caminho: Aprender, Servir e Cooperar. Três atitudes exigem muita atenção: Analisar, Reprovar e Reclamar. De três normas de conduta jamais nos arrependeremos: Auxiliar com a intenção do bem, Silenciar e Pronunciar frases de bondade e estímulo. Três diretrizes manter-nos-ão, invariavelmente, em rumo certo: Ajudar sem distinção, Esquecer todo mal e Trabalhar sempre. Três posições devemos evitar em todas as circunstâncias: Maldizer, Condenar e Destruir. Possuímos três valores que, depois de perdidos, jamais serão recuperados: A hora que passa, A oportunidade e A palavra falada. Três programas sublimes se desdobram à nossa frente, revelando-nos a glória da Vida Superior: Amor, Humildade e Bom ânimo. Que o Senhor nos ajude, pois, em nossas necessidades, a seguir sempre três abençoadas regras de salvação: Corrigir em nós o que nos desagrada em outras pessoas, Amparar-nos mutuamente, Amar-nos uns aos outros

Caso você não tenha percebido que estamos no mundo para servir, com certeza está sem consciência da função existir. Todos nós servimos uns aos outros. Jesus Cristo nos serviu com o seu amor, a sua sabedoria, a sua bondade e a sua generosidade. Ele doou-nos todo o seu tempo e morreu por nós. Então, quem somos nós para pensarmos que, porque estudamos, nos formamos e exibimos vários diplomas e títulos por aí, somos melhores e superiores às pessoas que não tiveram a mesma oportunidade. Pare e pense. Se o médico não tiver ninguém para curar, cuidar e ajudar, aproveitando o trocadilho, ele não serve para nada. Se o cientista descobrir a cura do câncer e não tiver pessoas no mundo para curar, a sua descoberta foi em vão. Se um advogado não tiver processos, pessoas para defender, a sua profissão de nada serve. Então, definitivamente, estamos no mundo para servir.

Onde você trabalha, exerça com amor o seu ato de servir a quem quer que seja. Humilhante é achar-se melhor que os outros. Grandioso é você ser generoso, ético e ajudar quando é solicitado, com simpatia, alegria e respeito por servir o outro. Todos precisam uns dos outros. Já imaginou o mundo sem os lixeiros? Tudo iria cheirar bosta. Seja gentil e espere o lixeiro executar o seu trabalho em vez de ficar buzinando quando está atrás do caminhão. Toda vez que alguém lhe servir, agradeça, sorria e retribua o gesto pelo mundo.

Quando atingimos o estado de servir na pirâmide de crescimento pessoal, alcançamos a autorrealização. Somente através do ato de servir que entregamos ao mundo a nossa melhor essência para podermos nos desenvolver e evoluir como seres humanos.

A pirâmide do domínio
7 áreas de crescimento constante
para uma vida extraordinária

- comemorar e contribuir
- finanças
- trabalho, carreira, missão
- tempo
- relacionamentos
- emoções e significado
- corpo físico

Capítulo 30 - Espiritualidade

Essa palavra tem origem do termo em latim *spiritus*, que significa "respiração" ou "sopro", mas também "coragem" e "vigor". Assim, a espiritualidade pode ser vista como "a qualidade ou o estado de coragem e vigor". Na filosofia, a espiritualidade é entendida a partir da oposição entre o espírito e a matéria.

> A espiritualidade é a busca humana pelo significado da vida por meio de conceitos que transcendem o tangível, à procura de um sentido de conexão com algo maior que si próprio. Ela faz com que você olhe e consiga perceber com mais clareza aonde quer chegar, te guiando em momentos de instabilidade e funcionando como um verdadeiro guia.
> *Marcela Argollo*

> Descobrimos nossa espiritualidade quando despertamos para a finitude da vida. Por isso velórios nos fazem tombar no silêncio.
> *Augusto Cury*

> O grande desafio da espiritualidade é você continuar crente, sem sentir, sem ver, sem experimentar e ainda dando tudo errado.
> *Augustus Nicodemus*

> A ciência não só é compatível com a espiritualidade, mas também é uma fonte de espiritualidade profunda.
> *Carl Sagan*

A arte do equilíbrio

Enquanto cultivarmos uma espiritualidade de olhos fechados, divorciada da realidade, perderemos espetáculos extraordinários como o pôr do sol, em que a natureza esbanja beleza, revelando-nos a glória do seu Criador.
Hermes Fernandes

Ao falarmos de espiritualidade, não podemos deixar de falar em fé, que quer dizer: "confiar no que não se vê e não se conhece. Caminhar com firmeza na escuridão na certeza de que alguém guia os nossos passos. Acreditar no que não se compreende. É a força que nos surpreende. É a força que nos impulsiona, nos protege, nos cura".

É preciso coragem para olhar profundamente para a espiritualidade. Olhar para o desconhecido fora e dentro de nós e se aproximar de algo tão misterioso, mas, na verdade, tão óbvio. Claro que somos espíritos e o nosso corpo é emprestado com o objetivo da evolução na terra. Não, não pense que é uma conversa sobre religião, é algo mais que isso, sem limites de aprendizado e sem regras para sonhar. Um assunto necessário e preciso em um tempo em que estamos num processo de perder a civilidade. Com tamanha violência gratuita, estamos retrocedendo, infelizmente. Vivemos a era tecnológica, o tempo da rapidez, do vídeo de um minuto, do texto curto porque as pessoas têm preguiça de pensar. Uma era na qual só tem valor o que se tem. E o ser? Quem tu és? Quando estiver no leito de morte, do que se arrependerá? De não ter comprado o carro mais caro do mundo ou a casa dos seus sonhos com piscina e muito luxo? Não! Definitivamente não levamos nada, nem o corpo, então, cuidar da espiritualidade é sábio e o caminho para a paz.

Coragem e vigor expressam bem a palavra espiritualidade. Como não se apaixonar por ela? Como eu disse no início deste capítulo, é preciso coragem para conhecer a própria alma, para aprofundar-se nas questões espirituais, assim como vigor, que quer dizer força física, para viver unindo a matéria do corpo que nos é emprestada com a nossa eterna espiritualidade.

Morrer é inexorável e, por mais que as religiões tentem nos apaziguar dizendo que tudo ficará bem quando partirmos, ainda é algo misterioso. Mesmo com fé, é preciso mais, é necessário ter esperança até morrermos. Então é melhor o bem em excesso do que o pouco. Conheça o seu caminho na terra, ore, busque algo com o que se identifique, pode ser Deus ou ter outro nome, mas viver uma vida vazia sem cuidar de dentro, sem evoluir como ser humano, é viver no vazio.

Muitos têm uma ideia de que gênios são racionais e não acreditam em Deus e não alimentam a sua espiritualidade. Isso é um equívoco imenso. Vou contar algo que talvez você nunca tenha se atentado em saber sobre o gênio Albert Einstein (Ulm, Alemanha, 14 de março de 1879 – Princeton, 18 de abril de 1955). Todos sabem que ele foi um físico teórico alemão que desenvolveu a teoria da relatividade geral, um dos pilares da física moderna ao lado da mecânica quântica. O gênio era surpreendente e religioso.

Einstein dizia que só se chega à realidade pela intuição. Seu Deus era o de Espinosa: "A alma do Universo". Ele chamava Deus de Lei. Sua Teoria da Relatividade ensinou-nos muita coisa, mas, mais que isso, a sua complexidade e a sua curiosidade pelos mistérios da espiritualidade provam que ele era o sábio mais intuitivo da história. Prova disso era quando sumia e aparecia com a roupa suja, como se tivesse dormido no mato, inúmeras vezes, trancava-se no quarto de estudo e pedia que sua esposa colocasse a sua comida na porta. Como o estudioso era profundo e surpreendente em suas relações.

A arte do equilíbrio

Na internet há uma divulgação de que o físico deixou uma carta sobre a força Universal do amor à sua filha Lieserl. Segundo o jornal *Estado de Minas*, não existem provas registradas de que Einstein a escreveu, porque a missiva não se encontra nos arquivos internacionais que guardam o legado do físico. O jornal ainda afirma que foi a enteada do cientista, Margot Einstein, e não sua filha, que doou a coleção de cartas à Universidade Hebraica. A carta é linda e profunda, fala sobre verdades urgentes, assim, resolvi dividir essa experiência com vocês.

A suposta carta do cientista Albert Einstein à sua filha:

O Amor. Quando propus a Teoria da Relatividade, muito poucos me entenderam e o que vou agora revelar a você, para que transmita à humanidade, também chocará o mundo, com sua incompreensão e preconceitos. Peço ainda que aguarde todo o tempo necessário – anos, décadas, até que a sociedade tenha avançado o suficiente para aceitar o que explicarei em seguida para você. Há uma força extremamente poderosa para a qual a ciência até agora não encontrou uma explicação formal. É uma força que inclui e governa todas as outras, existindo por trás de qualquer fenômeno que opere no universo e que ainda não foi identificada por nós. Essa força universal é o AMOR. Quando os cientistas estavam procurando uma teoria unificada do Universo, esqueceram a mais invisível e poderosa de todas as forças. O Amor é Luz, dado que ilumina aquele que dá e o que recebe. O Amor é gravidade, porque faz com que as pessoas se sintam atraídas umas pelas outras. O Amor é potência, pois multiplica (potencia) o melhor que temos, permitindo assim que a humanidade não se extinga em seu egoísmo cego. O Amor revela e desvela. Por amor, vivemos e morremos. O Amor é Deus e Deus é Amor. Essa força tudo explica e dá SENTIDO à vida. Esta é a variável que temos ignorado por muito tempo, talvez porque o amor provoca medo, sendo o único poder no universo que o homem ainda não aprendeu a dirigir a seu favor. Para dar visibilidade ao amor, eu fiz uma substituição simples na minha equação mais famosa. Se, em vez de $E = mc^2$, aceitarmos que a energia para curar o mundo pode ser obtida através do amor multiplicado pela velocidade da luz ao quadrado (**energia de cura = amor x velocidade da luz^2**), chegaremos à conclusão de que o amor é a força mais poderosa que existe, porque não tem limites. Após o fracasso da humanidade no uso e controle das outras forças do universo, que se voltaram contra nós, é urgente que nos alimentemos de outro tipo de energia. Se queremos que a nossa espécie sobreviva, se quisermos encontrar sentido na vida, se queremos salvar o mundo e todos os seres sensíveis que nele habitam, o amor é a única e a resposta última. Talvez ainda não estejamos preparados para fabricar uma bomba de amor, uma criação suficientemente poderosa para destruir todo o ódio, egoísmo e ganância que assolam o planeta. No entanto, cada indivíduo carrega dentro de si um pequeno, mas poderoso gerador de amor, cuja energia aguarda para ser libertada. Quando aprendemos a dar e receber essa energia universal, Liesrl querida, provaremos que o amor tudo vence, tudo transcende e tudo pode, porque o amor é a quintessência da vida. Lamento profundamente não ter sido capaz de expressar mais cedo o que vai dentro do meu coração, que toda a minha vida tem batido silenciosamente por você. Talvez seja tarde demais para pedir desculpa, mas, como o tempo é relativo, preciso dizer que te amo e que graças a você obtive a última resposta.

Seu pai, *Albert Einstein*

Capítulo 31 - Estratégia

A palavra "estratégia" tem origem no termo grego strategia, que significa "plano, método, manobras ou estratagemas usados para alcançar um objetivo ou resultado específico".

> Estratégia é o planejamento que integra as principais metas e ações para que se possa chegar ao seu objetivo. Ela nos dá um norteamento e uma segurança dos próximos passos.
> *Marcela Argollo*

> Todos podem ver as táticas de minhas conquistas, mas ninguém consegue discernir a estratégia que gerou as vitórias.
> *Sun Tzu*

> A estratégia sem tática é o caminho mais lento para a vitória. Tática sem estratégia é o ruído antes da derrota.
> *Sun Tzu*

> Em um jogo a melhor estratégia é fazer seu maior rival apaixonar-se por você.
> *Blair Waldorf*

> O otimismo é uma estratégia para criar um futuro melhor. Porque, a menos que você acredite que o futuro pode ser melhor, é improvável que você assuma a responsabilidade de criá-lo.
> *Noam Chomsky*

A arte do equilíbrio

> Adão e Eva foram expulsos do paraíso. E seus descendentes serão expulsos do planeta se as estratégias para salvá-lo forem inferior às ações para destruí-lo.
> *Nemilson Vieira de Moraes*

A estratégia empresarial é fundamental para se conseguir alcançar os objetivos traçados, mesmo com produtos inovadores e diferentes para o mercado. Cada vez mais, a concorrência torna-se acirrada, então o foco em uma boa estratégia é vital para a sobrevivência de uma empresa. Os líderes que assumem seus cargos atualmente precisam ter gabarito para liderar com boas estratégias. Uma dessas estratégias é a adaptação para os novos modelos de negócio no conceito ESG, do inglês *Environmental, social, and corporate governance*, ou seja, governança ambiental, social e corporativa, assumindo a responsabilidade ambiental e social perante a sociedade.

Aprende-se a ser um estrategista desde cedo. É preciso abrir a mente e ser ousado para planejar o futuro a longo prazo. Com essa prática, tem-se o auxílio para se traçar e alcançar os objetivos estabelecidos, conseguir nosso propósito e deixar nosso legado.

Geralmente, temos medo de criar objetivos seguros para muitos anos à frente, mas é inevitável para quem quer vencer e construir um futuro sólido. Queremos tudo agora, de imediato. Temos pressa em viver, mas a vida vai passar de qualquer jeito, então por que não a planejar estrategicamente.

Propor-se a ter estratégias não significa que jamais mudará o curso das coisas. A vida é mutável, e nada impede você de refazer os seus planos, as sua metas, de traçar novos caminhos. Pessoas focadas, que fazem planos seguros, têm mais chances de conquistar o que almejam. Tanto na vida pessoal como nas organizações, as estratégias precisam respeitar algumas regras:

A arte do equilíbrio

1. Dialogar sempre, para aprender a colocar suas ideias e perceber se está no caminho certo.
2. Ser ágil nas ações, para não perder o time e o foco.
3. Ser organizado e disciplinado.
4. Ter desenvolvimento contínuo em todas as áreas.
5. Estar atento às mudanças e aos conflitos internos, pessoais e na equipe.
6. Estar seguro de que a estratégia é a correta naquele momento e para o futuro, mesmo que tenha que mudá-la futuramente.

Capítulo 32 - Educação

Educação é uma palavra originária do latim *educatio, ōnis*, cujo significado é "ação de criar, de nutrir; cultura, cultivo".

> A base para a mudança e o desenvolvimento de qualquer sociedade é a educação. A vida está cada vez mais dinâmica e com isso nós temos que desenvolver a habilidade de constante aprendizado (Life Long Learner).
> *Marcela Argollo*

> Educação é aquilo que a maior parte das pessoas recebe, muitos transmitem e poucos possuem.
> *Karl Kraus* (escritor austríaco)

> A cultura forma sábios; a educação, homens.
> *Louis Bonald* (filósofo francês)

> Educai as crianças para que não seja necessário punir os adultos.
> *Pitágoras* (filósofo e matemático grego)

> Educar a mente sem educar o coração não é educação.
> *Aristóteles* (filósofo grego)

> Educação não transforma o mundo. Educação muda as pessoas. Pessoas transformam o mundo.
> *Paulo Freire*

> A função da educação é ensinar a pensar intensamente e pensar criticamente. Inteligência mais caráter: esse é o objetivo da verdadeira educação.
> *Martin Luther King Jr.*

Segundo a filosofia clássica, a educação está relacionada à capacidade de eduzir, ou seja, exteriorizar a sabedoria intrínseca que existe dentro de cada um de nós, como talentos, dons e habilidades, não só do corpo ou fisicamente, mas da alma e metafisicamente.

Educar é conhecer as próprias raízes e passar adiante para filhos e netos. Para que possamos saber para onde vamos, precisamos saber de onde viemos, qual o nosso passado, pois árvores grandes só crescem com raízes fortes.

Só com esse olhar interno e profundo é que se pode trazer a real educação do ser e colocar para si e para o mundo as suas reais virtudes. Todos têm direito à educação, mas qual a verdadeira educação? A da escola ou a da família? Ambas simultaneamente conseguem formar um ser humano pronto para enfrentar o mundo, pois são complementares.

Vamos falar do sistema educacional no Brasil. O direito à educação é um direito que deve promover a igualdade entre as pessoas, ou deveria ser. São os chamados direitos sociais. Em 1988, ele foi reconhecido no Brasil pela nova Constituição Federal, antes disso, o Estado não tinha a obrigação formal de garantir educação de qualidade a todos os brasileiros. O ensino público era apenas considerado uma assistência àqueles que não podiam pagar. Existem ainda mais duas leis que envolvem a educação, o Estatuto da Criança e do Adolescente (ECA), de 1990, e a Lei de Diretrizes e Bases da Educação (LDB), de 1996. Ambas garantem e regulamentam o direito de educação para todos, abrindo as portas da educação formal para crianças, jovens e adultos, que não podem ficar sem estudar em um mundo tão tecnológico como o atual.

O objetivo da educação é preparar o ser humano para a vida, desenvolvendo suas habilidades, seus talentos e suas competências. A importância da educação não se limita apenas a aprender matemática, português, ciências etc., mas também tem relação com o desenvolvimento da comunicação, das relações sociais e humanas, como o autoconhecimento, a autocrítica, a amizade, o convívio com o diferente, a tolerância, a tomada de decisões, o aprendizado com as limitações coletivas e individuais.

Uma boa educação fornece uma base forte para as dificuldades da vida. Uma criança que cresce tendo uma boa educação tem mais oportunidade de buscar uma carreira fiel à sua personalidade e ao seu talento.

Concordo com o escritor austríaco Karl Kraus quando afirma: "Educação é aquilo que a maior parte das pessoas recebe, muitos transmitem e poucos possuem". Ser uma pessoa educada é mais amplo do que ter tido a oportunidade de estudar. Existem muitos PhDs sem o mínimo de educação para se relacionar com as pessoas. Costumo dizer que elegância anda junto com educação. Uma pessoa educada é gentil, humana, humilde, generosa, empática e receptiva para aprender sempre. Não trata as pessoas com soberba e arrogância. Pessoas que nunca estudaram na vida podem ser mais educadas do que pessoas que se formaram em Harvard.

Como você trata o próximo? Em uma discussão, respeita uma opinião diferente da sua? Sabe elogiar uma pessoa com delicadeza? Diminui as pessoas na frente de outras? Joga lixo nas ruas? Não tem comportamento sustentável? Invade a privacidade das pessoas? Não respeita seus pais, avós, idosos e pessoas diferentes de você? Sabe trabalhar em equipe? Sempre dá um jeito de passar à frente das pessoas? Agradece às pessoas que lhe servem em qualquer situação da vida? Julga as pessoas pela aparência e trata-as mal quando não se vestem como você? São inúmeras perguntas a se fazer que definem através das ações e do comportamento se uma pessoa é educada.

A arte do equilíbrio

Ser educado realmente está além das boas maneiras superficiais. Faz parte de uma pessoa educada: cumprimentar as pessoas que lhe servem, não fazer de conta que não vê o morador de rua, o gari, o lixeiro. Uma pessoa educada se coloca no lugar do outro, paga as suas dívidas e assume os seus erros e, acima de tudo, pede desculpas. Uma pessoa genuinamente educada abre portas para aqueles que necessitam assim como para si mesma.

É claro que há um caminho longo para aprender a ser uma pessoa educada, mas o primeiro passo é querer e sentir na alma que esse é o único caminho para se viver bem em sociedade. Só se aprende a caminhar caminhando e exercendo a humildade para entender sobre atitudes que não dão certo, que nos prejudicam e aos outros. Somos seres humanos aprimorando o nosso eu mais profundo, experimentando o pouco, o muito e o demais. Estamos em busca de nos alinhar e encontrar a paz que a educação e os livros nos ajudam a encontrar.

Ser educado vai além de agradar aos outros, é natural e verdadeiro nas atitudes de uma pessoa. Mesmo que o outro esteja aos berros, ela escuta, acalma o outro e espera a hora de se pronunciar. É um exercício diário não se influenciar com as neuroses daqueles que querem testar a sua elegância. Seja elegante e diga que conversará quando ele ou ela estiver calmo(a). Não entre na energia negativa daquele que quer te desequilibrar e colocar à prova a sua educação.

Experimente esse exercício do equilíbrio, já que conhece a sua capacidade de ir ao extremo com as suas emoções.

O caminho do meio é o melhor a seguir, porém, para que possamos saber qual é esse caminho, precisamos conhecer as extremidades.

Referências

A SAÚDE mental e a importância dela na vida das pessoas. *Hospital Santa Mônica*, 25 maio 2018. Disponível em: https://hospitalsantamonica.com.br/a-saude-mental-e-a-importancia-dela-na-vida-das-pessoas/. Acesso em: 2 maio 2023.

ABRAMS, D. A. *Diversidade e inclusão*: os seis principais ingredientes para o sucesso. [*S. l.*]: Babelcube Books, 2014.

ACHOR, Shawn. *O jeito Harvard de ser feliz*: o curso mais concorrido de uma das melhores universidades do mundo. São Paulo: Saraiva, 2012.

ALMEIDA, Caio. Qual a diferença entre metas, indicadores de resultados e KPI? *Cibernet Solutions*, 17 jan. 2023. Disponível em: https://cibernetsolutions.com.br/qual-a-diferenca-entre-metas-indicadores-de-resultados-e-kpi/. Acesso em: 2 jun. 2023.

ALMEIDA, Isabela. Autoconhecimento: seu significado e sua prática. *Psicologia Viva*, 7 jun. 2021. Disponível em: https://blog.psicologiaviva.com.br/o-autoconhecimento/. Acesso em: 2 jun. 2023.

AMOR. *Significados*, [*s.d.*]. Disponível em: https://www.significados.com.br/amor/. Acesso em: 12 abr. 2023.

AMOR-PRÓPRIO. *Significados*, [*s.d.*]. Disponível em: https://www.significados.com.br/amor-proprio/. Acesso em: 12 abr. 2023.

AUTENTICIDADE. *Significados*, [*s.d.*]. Disponível em: https://www.significados.com.br/autenticidade/. Acesso em: 12 abr. 2023.

AUTENTICIDADE: por que é difícil desenvolvê-la e 7 características de pessoas autênticas. *Protagonize*, [*s.d.*]. Disponível em: https://www.protagonizecursos.com.br/blog/autoconhecimento/autenticidade/#:~:text=A%20autenticidade%20%C3%A9%20caracterizada%20pela,%C3%A0%20nossa%20autoconfian%C3%A7a%20e%20autoestima. Acesso em: 12 abr. 2023.

BEZERRA, Juliana. Educação no Brasil. *Toda Matéria*, [*s.d.*]. Disponível em: https://www.todamateria.com.br/educacao-no-brasil/. Acesso em: 12 abr. 2023.

BROWN, Brené. *A coragem de ser imperfeito*. Rio de Janeiro: Sextante, 2016.

CABOCLO, Adeildo. *Gestão de projetos nas organizações*. [*S. l*], 2011. Disponível em: https://pt.slideshare.net/adeildocaboclo/livro-gesto-de-projetos-nas-organizaes.

CAMINHOS e descaminhos da Educação no Brasil. *Jornal da USP*, 25 abr. 2022. Disponível em: https://jornal.usp.br/atualidades/caminhos-e-descaminhos-da-educacao-no-brasil/. Acesso em: 2 maio 2023.

CARVALHO, Rafael. Networking: saiba como criar uma boa rede de contatos e interagir com ela. *Napratica.org*, 28 fev 2023. Disponível em: https://www.napratica.org.br/networking/. Acesso em: 12 abr. 2023.

CHIAVENATO, I. *Comportamento organizacional*: a dinâmica do sucesso das organizações. 2. ed. Rio de Janeiro: Elsevier, 2010.

CNN BRASIL. *Pesquisa isolamento social*. Disponível em: https://www.cnnbrasil.com.br/saude/2020/05/09/estudo-indica-aumento-em-casos-de-depressao-durante-isolamento-social.

COMO adotar um estilo de vida sustentável? Conselhos para aumentar o seu compromisso verde. *Iderdrola*, [*s.d.*]. Disponível em: https://www.iberdrola.com/sustentabilidade/estilo-de-vida-sustentavel. Acesso em: 12 abr. 2023.

COMO ter saúde física? *Portal Educação*, [*s.d.*]. Disponível em: https://blog.portaleducacao.com.br/como-ter-saude-fisica/. Acesso em: 2 jun. 2023.

CONNORS, Roger; SMITH, Tom. *Mude a cultura da sua empresa e vença o jogo*. Rio de Janeiro: Elsevier, 2011.

CORTELLA, Mario Sérgio. *Porque fazemos o que fazemos*. São Paulo: Planeta, 2016.

COUTO, Luiz Evanio Dias. *Três estratégias para turbinar a inteligência organizacional*. Rio de Janeiro: Ed. FGV, 2004.

CRUZ, Amanda. Perdão não é só sobre esquecer o que houve: 9 pontos para levar em conta... *Viva bem*, 20 fev. 2020. Disponível em: https://www.uol.com.br/vivabem/noticias/redacao/2020/02/20/perdao-nao-e-so-sobre-esquecer-o-que-houve-9-pontos-para-levar-em-conta.htm. Acesso em: 12 abr. 2023.

CULPA: como parar de se sentir culpado? *Psicologo.com.br*, 13 nov. 2021. Disponível em: https://www.psicologo.com.br/blog/culpa-parar-se-sentir-culpado/. Acesso em: 12 abr. 2023.

DISPENZA, Joe. *Quebrando o hábito de ser você mesmo*: como reconstruir sua mente e criar um novo eu. Porto Alegre: Citadel, 2018.

DRUCKER, Peter Ferdinand. *Administrando em tempos de grandes mudanças*. 5. ed. São Paulo: Pioneira, 1998.

ESTRATÉGIA. *Significados*, [*s.d.*]. Disponível em: https://www.significados.com.br/estrategia/. Acesso em: 12 abr. 2023.

ÉTICA. *Significados*, [*s.d.*]. Disponível em: https://www.significados.com.br/etica/. Acesso em: 12 abr. 2023.

FÍSICO, mental e social: os 8 tipos de saúde para focar. *Dr. Consulta*, 14 abr. 2023. Disponível em: https://blog.drconsulta.com/tipos-de-saude/. Acesso em: 2 jun. 2023.

GASPARINI, Claudia. 8 hobbies que impulsionam a produtividade, segundo a ciência. *Exame*, 13 set. 2016. Disponível em: https://exame.com/carreira/8-hobbies-que-impulsionam-a-produtividade-segundo-a-ciencia/. Acesso em: 2 maio 2023.

GOLEMAN, Daniel. *Foco*. São Paulo: Objetiva, 2014.

GOLEMAN, Daniel. *Trabalhando com a inteligência emocional*. Rio de Janeiro: Objetiva, 2017.

GOMES, Lauren Beltrão *et al.* As origens do pensamento sistêmico: das partes para o todo. *Pensando famílias*, Porto Alegre, v. 18, n. 2, p. 3-16, dez. 2014. Disponível em: http://pepsic.bvsalud.org/scielo.php?script=sci_arttext&pid=S1679-494X2014000200002&lng=pt&nrm=iso. Acesso em: 15 ago. 2023.

GRACIETTI, Larissa. *O que é integração na empresa e como fazer?* Feedz, 2 maio 2022. Disponível em: https://www.feedz.com.br/blog/o-que-e-integracao-na-empresa/. Acesso em: 12 abr. 2023.

GRATIDÃO. *Significados*, [*s.d.*]. Disponível em: https://www.significados.com.br/gratidao/. Acesso em: 12 abr. 2023.

HALF, Roberto. *O que é networking?* Roberto Half Talent Solutions, 5 nov. 2021. Disponível em: https://www.roberthalf.com.br/blog/carreira/networking-o-que-e-e-para-que-serve. Acesso em: 12 abr. 2023.

HARARI, Yuval Noah. *21 lições para o século 21*. São Paulo: Companhia das Letras, 2018.

HARARI, Yuval Noah. *Sapiens*: uma breve história da humanidade. São Paulo: Companhia das Letras, 2020.

HASTINGS, Reed.; MEYER, Erin. *A regra é não ter regras*. São Paulo: Intrínseca, 2020.

HUTCHINS, Giles; STORM, Laura. *Liderança regenerativa*: o DNA de organizações que afirmam a vida no século 21. Rio de Janeiro: Bambual Editora, 2023. E-book.

INTEGRIDADE: como reconhecer nas pessoas. *Instituto Brasileiro de Coaching*, [*s.d.*]. Disponível em: https://www.ibccoaching.com.br/portal/artigos/integridade-como-reconhecer-nas-pessoas/?utm_source=gg_ads&utm_campaign=MR_TRAFEGO_LEADS_IBC_FRIO_SEARCH-DIN&utm_medium=01_DIN_25-55&utm_=ibc_h&gad=1&gclid=Cj0KCQjwib2mBhDWARIsAPZUn_6rTp7OUAII H3lcchq8b559PqVYgVo8a6XABPkBKBMI29yCQoOKb0aArkEEA Lw_wcB. Acesso em: 12 abr. 2023.

KARMA. *Significados*, [*s.d.*]. Disponível em: https://www.significados.com.br/karma/#:~:text=Karma%2C%20ou%20carma%2C%20%C3%A9%20uma,for%C3%A7a%22%20ou%20%22movimento%22. Acesso em: 12 abr. 2023.

LIMA, Ana. *Acompanhamento de metas e resultados*: o que é e como fazer. Mereo, 3 fev. 2023. Disponível em: https://mereo.com/blog/acompanhamento-de-metas-e-resultados/. Acesso em: 22 abr. 2023.

MALONE, Thomas. *The Future of Work*: How the new order of business will shape your organization, your management style, and your life. Cambridge: Harvard, 2004.

MASLOW, Abraham. *A Theory of Human Motivation*. [*S. l.*]: Bnpublishing, 2017.

MATEUS 19:28. *Bibliaon*, 2023. Disponível em: https://www.bibliaon.com/versiculo/mateus_19_28/. Acesso em: 12 abr. 2023.

MAUÉS, Victor. *O propósito é o porquê*. O legado é aquilo que fica da nossa história. Transformação Criativa, 29 abr. 2023. Disponível em: https://transformacaocriativa.com.br/blog/a-importancia-do-proposito. Acesso em: 12 abr. 2023.

NANDRAM, Sharda; BINDLISH, Puneet (Ed.). *Managing VUCA Through Integrative Self-Management*. [S. l.]: Springer, 2017.

NETFLIX. *Cultura organizacional*. Disponível em: https://jobs.netflix.com/culture?lang=Portugu%C3%AAs. Acesso em: 18 mar. 2020.

NETWEAVING, o networking do futuro. *Pra Carreiras*, 2019. Disponível em: https://pracarreiras.com.br/netweaving-o-que-e/. Acesso em: 12 abr. 2023.

NÓBREGA, Ana. *Saiba como funciona a intuição e se você pode confiar na sua*. eCycle, [s.d.]. Disponível em: https://www.ecycle.com.br/intuicao/#:~:text=Intui%C3%A7%C3%A3o%20%C3%A9%20um%20sentimento%20que,por%20meio%20de%20experi%C3%AAncias%20anteriores. Acesso em: 12 abr. 2023.

NUNES, Paulo. *Estratégia*. Knoow, 20 set. 2018. Disponível em: https://knoow.net/cienceconempr/gestao/estrategia/. Acesso em: 22 abr. 2023.

O QUE é a regeneração de acordo com a Bíblia? *Got questions*, [s.d.]. Disponível em: https://www.gotquestions.org/Portugues/regeneracao.html. Acesso em: 12 abr. 2023.

O QUE é a saúde mental? *ADEB*, [s.d.]. Disponível em: https://www.adeb.pt/pages/o-que-e-a-saude-mental. Acesso em: 12 abr. 2023.

O QUE é a sustentabilidade? *BCSD Portugal*, 2021. Disponível em: https://bcsdportugal.org/sustentabilidade/. Acesso em: 2 jun. 2023.

O QUE é gratidão? *Eu sem fronteiras*, 2022. Disponível em: https://www.eusemfronteiras.com.br/o-que-e-gratidao/. Acesso em: 12 abr. 2023.

O QUE é integração? Conheça os tipos e como aplicá-los na sua empresa. *Pluga*, 2023. Disponível em: https://pluga.co/blog/integracao-o-que-e/. Acesso em: 12 abr. 2023.

O QUE é integração? tudo ao mesmo tempo agora! *Segvida Consultoria*, 2021. Disponível em: https://www.segvidamg.com.br/o-que-e-integracao-tudo-ao-mesmo-tempo-agora/. Acesso em: 12 abr. 2023.

O QUE é integridade e como ela é importante em nossa vida? *IBND*, 2020. Disponível em: https://www.ibnd.com.br/blog/o-que-e-integridade-e-como-ela-e-importante-em-nossa-vida.html. Acesso em: 12 abr. 2023.

O QUE é intuição. *Super*, 2006. Disponível em: https://super.abril.com.br/comportamento/o-que-e-intuicao. Acesso em: 12 abr. 2023.

O QUE é o renascimento? *Agrupamento de Escolas de São Gonçalo*, 2023. Disponível em: https://moodle.ag-sg.net/mod/book/tool/print/index.php?id=16600. Acesso em: 22 abr. 2023.

O QUE é saúde financeira: aprenda tudo sobre o assunto. *Zenclub*, 2021. Disponível em: https://zenklub.com.br/blog/recursos-humanos/o-que-e-saude-financeira/. Acesso em: 12 abr. 2023.

OLIVEIRA, Ana Lídia Mafra B. de. *Saúde relacional, o que é isto?* Centro de Psicologia Humanista, 26 maio 2018. Disponível em: https://cphminas.com.br/saude-relacional-o-que-e-isto/. Acesso em: 2 maio 2023.

ORGANIZAÇÃO MUNDIAL DE SAÚDE. *Mental health policies and programmers in the workplace*. Genebra: OMS, 2005.

PENSAMENTO sistêmico: o que é, para que serve e como funciona? *IBE*, 2016. Disponível em: https://www.ibe.edu.br/pensamento-sistemico-o-que-e-para-que-serve-e-como-funciona/. Acesso em: 12 abr. 2023.

PERDÃO. *Bibliaon*, 2023. Disponível em: https://www.bibliaon.com/perdao/. Acesso em: 12 abr. 2023.

PERDÃO. *Significados*, [s.d.]. Disponível em: https://www.significados.com.br/perdao/. Acesso em: 12 abr. 2023.

PETERSON, Jordan B. *12 Regras para a vida*: um antídoto para o caos. Rio de Janeiro: Alta Books, 2018.

PFERL, Matheus. Entenda os sinais da sua saúde física, mental, social e espiritual. *CNU*, 28 set. 2021. Disponível em: https://www.uninter.com/noticias/entenda-os-sinais-da-sua-saude-fisica-mental-social-e-espiritual. Acesso em: 12 abr. 2023.

PORQUE se fala em saúde mental? *SNS*, [s.d.]. Disponível em: https://www.dgs.pt/paginas-de-sistema/saude-de-a-a-z/programa-nacional-para-a-saude-mental/perguntas-e-respostas.aspx. Acesso em: 12 abr. 2023.

QUAIS os benefícios da arte para a saúde? *Grafitti*, 4 ago. 2021. Disponível em: https://blog.grafittiartes.com.br/quais-os-beneficios-da-arte-para-a-saude/#:~:text=Seja%20como%20profiss%C3%A3o%20ou%20hobby,de%20crian%C3%A7as%2C%20jovens%20e%20adultos. Acesso em: 2 jun. 2023.

QUITO, Filipa. A prioridade da saúde física, mental e relacional para as empresas num contexto pós-covid. *Dinheiro Vivo*, 22 fev. 2022. Disponível em: https://www.dinheirovivo.pt/empresas/a-prioridade-da-saude-fisica-mental-e-relacional-para-as-empresas-num-contexto-pos-covid-14612747.html. Acesso em: 12 abr. 2023.

RACHID. Entenda o que é o netweaving. *Palestras de Sucesso*, 2021. Disponível em: https://palestrasdesucesso.com.br/entenda-o-que-e-o-netweaving-por-santucci/. Acesso em: 12 abr. 2023.

REFLEXÕES sobre a educação no Brasil. *Monitor Mercantil*, 2023. Disponível em: https://monitormercantil.com.br/reflexoes-sobre-a-educacao-no-brasil/. Acesso em: 22 abr. 2023.

REGENERAÇÃO. *Bibliaon*, 2023. Disponível em: https://www.bibliaon.com/regeneracao/. Acesso em: 12 abr. 2023.

RESILIÊNCIA. *Significados*, [s.d.]. Disponível em: https://www.significados.com.br/resiliencia/. Acesso em: 12 abr. 2023.

RESILIÊNCIA: o que é o que você precisa saber sobre suportar as adversidades. *Zenklub*, 2021. Disponível em: https://zenklub.com.br/blog/trabalho/resiliencia-ajuda-volta-por-cima/. Acesso em: 12 abr. 2023.

ROBBINS, Stephen P.; SOBRAL, Filipe. *Comportamento organizacional*. 14. ed. São Paulo: Prentice-Hall, 2012.

ROVEDA, Ugo. O que é pensamento sistêmico e qual sua importância. *Kenzie*, 30 mar. 2022. Disponível em: https://kenzie.com.br/blog/pensamento-sistemico/. Acesso em: 22 abr. 2023.

SAÚDE financeira: você precisa saber mais sobre ela. *Onze*, [s.d.]. Disponível em: https://www.onze.com.br/blog/saude-financeira/. Acesso em: 12 abr. 2023.

SAÚDE física no trabalho: como cuidar, quais os benefícios e como incentivar na sua empresa? *Pontotel*, 13 jul. 2023. Disponível em: https://www.pontotel.com.br/saude-fisica/. Acesso em: 12 abr. 2023.

SELLIGMANN-SILVA, Edith. *Trabalho e desgaste mental*: o direito de ser dono de si mesmo. São Paulo: Cortez, 2012.

SENTIMENTO de culpa: entenda melhor, saiba como lidar e evite mais dor. *ABM + Saúde*, 2021. Disponível em: https://revistaabm.com.br/artigos/sentimento-de-culpa-entenda-melhor-saiba-como-lidar-e-evite-mais-dor. Acesso em: 12 abr. 2023.

SENTIMENTO de culpa: o que é e como lidar? *Instituto de Psiquiatria Paulista*, 2022. Disponível em: https://psiquiatriapaulista.com.br/sentimento-de-culpa-o-que-e-e-como-lidar/. Acesso em: 12 abr. 2023.

SINEK, Simon. *Líderes se servem por último*. Rio de Janeiro. Ed. Alta Books, 2019.

SOUZA, Adilson. *Liderança e espiritualidade*: humanizando as relações profissionais. São Paulo: Simonsen, 2017.

SOUZA, Nadialice; GOMES, Zulene (Org.). *Perspectivas em compliance*: múltiplos olhares em governança e conformidade. [*S. l.*]: Mente Aberta, 2020.

TEDx Thomas Eckschmidt. Disponível em: https://www.youtube.com/watch?v=_UlZoxQuIzQ. Acesso em: 3 mar. 2021.

TITO, 3:5. *Bibliaon*, 2023. Disponível em: https://www.bibliaon.com/versiculo/tito_3_5/. Acesso em: 12 abr. 2023.

WAHL, Daniel Crhistian. *Desing de culturas regenerativas*. Rio de Janeiro: Bambual Ed., 2019.

WILBER, Ken. *Uma teoria de tudo*. São Paulo: Cultrix, 2007.

Anexo: Roda da Vida

Roda da Vida

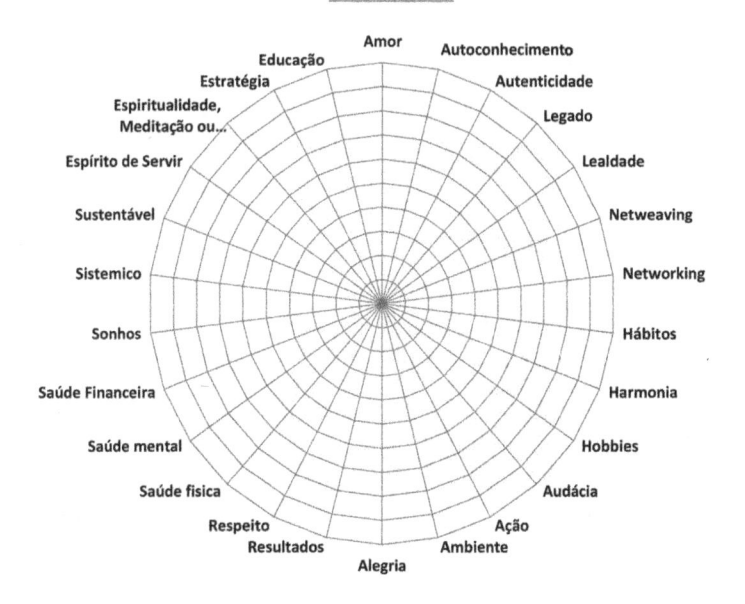

- Amor
- Autoconhecimento
- Educação
- Autenticidade
- Estratégia
- Espiritualidade, Meditação ou...
- Legado
- Espírito de Servir
- Lealdade
- Sustentável
- Netweaving
- Sistemico
- Networking
- Sonhos
- Hábitos
- Saúde Financeira
- Harmonia
- Saúde mental
- Hobbies
- Saúde física
- Audácia
- Respeito
- Ação
- Resultados
- Ambiente
- Alegria